UNA INFANCIA EN MONTREAL

Eric Berne

UNA INFANCIA EN MONTREAL

Editorial Jeder
[jeder: uno cualquiera]
Sevilla – España

Título original: A MONTREAL CHILDHOOD
Autor: Eric Berne

© *Autor:* Herederos de Eric Berne
© *Traducción:* Susana Arjona Murube
© *De esta edición:* Editorial Jeder

Colección: Concordia

Primera edición: 25 de diciembre de 2013

ISBN: 978-84-937032-8-8
Dep. Legal: SE 2483-2013
Impresión: Ulzama

Impreso en España — *Printed in Spain*

Editorial Jeder es una marca registrada de Gisper Andalucía, S.L.

© Gisper Andalucía, S.L.
C/ Fernando IV, 7
41011 – Sevilla – España
www.jederlibros.com

Notas a la Edición en Español

El texto original fue publicado el 15 de julio de 2010 y se presentó durante el Congreso del Centenario de Berne en Montreal. En diciembre de ese año ya se contaba con la traducción al francés, y en febrero de 2012 apareció la traducción al italiano. Quiero agradecer a las editoras de ambos idiomas su labor y el permiso para incluir las notas al pie que incorporaron. Hemos añadido también algunas más de cosecha propia. Todas ellas están identificadas según la siguiente nomenclatura:

- EB: Son las notas que el propio Berne incluyó.
- NEF: Notas de la edición francesa. La traducción al francés corrió a cargo de Anne-Marie Guicquéro.
- NEI: Notas de la edición italiana. Traducción de Federica Gusmeroli.
- NTE: Notas de la traductora al español, Susana Arjona.
- NEE: He considerado interesante destacar mediante algunos ejemplos la relación de los textos reseñados con el análisis transaccional, la gran aportación de Berne a la psicología.

Incluimos también un pequeño álbum que ilustre a las personas e historias que en el libro se narran. Las relativas al Montreal de entonces pertenecen a archivos históricos. Los retratos familiares han sido cedidos por la familia Berne, y algunas son parte del proyecto de digitalización del Archivo Eric Berne, que encabezan entre otras personas Carol Solomon y Gloria Noriega. La fotografía de la tumba en la que reposan los restos de Berne la realizó Claude Steiner en una de sus visitas periódicas al cementerio de Carmel. La receta y el recibo del Dr. David H. Bernstein son un obsequio que Terry Berne me realizó hace algunos años.

Agustín Devós

Prólogo.
Breve Puesta en Antecedentes

Una infancia en Montreal son unas memorias inéditas de Eric Berne sobre cómo fue crecer y alcanzar la mayoría de edad en Montreal. Es el primer libro suyo enteramente nuevo que se publica desde su muerte en 1970, y su única obra existente puramente autobiográfica.

Cuando mi padre murió dejó atrás docenas de grandes cajas llenas de papeles, muchos de ellos manuscritos de libros y artículos inacabados, incluidos varios conatos de novelas, una Historia del mundo para niños y una larga y tortuosa pieza autobiográfica titulada *La vieja casa de piedra* que configura la base de lo que yo he optado por llamar *Una infancia en Montreal*. Estos papeles han permanecido intactos en su estudio en Carmel durante muchos años. Poco después de terminar la universidad me mudé a España y durante las infrecuentes estancias en la casa familiar comencé a ordenar lentamente las cajas.

Tardé años en repasarlo todo, ya que sólo visitaba Carmel durante unas cuantas semanas cada par de años. La mayoría de estos papeles residen ahora en el Archivo Eric Berne dentro de la Universidad del Estado de California en San Francisco. Durante este proceso, descubrí el manuscrito de Montreal bastante tarde, y me atrajo inmediatamente. Tenía todas las características de un primer borrador y estaba lleno de digresiones sobre una variedad de materias, como el estado del rugby canadiense[1] o reflexiones sobre los acontecimientos de actualidad en el mundo. A pesar de su estado algo caótico, decidí que merecía la pena intentar editarlo.

---

[1] NEF: Deporte que combina el fútbol Americano y el rugby.

Al principio mi trabajo fue muy lento y difícil: ¿qué quitar y qué dejar? Pero una noche tuve en un sueño la pequeña iluminación de que la propia narrativa impulsada por la voz del niño era el elemento decisivo, y que si la seguía, todo encajaría. Una vez que decidí seguir mis instintos, afinados por muchos años de experiencia personal y profesional como escritor así como por un conocimiento exhaustivo del estilo de mi padre, todo empezó a rodar con suavidad y en unos meses obtuve un borrador sobre el que se podía trabajar.

Cuenta la historia de su vida en la calle de St. Famille durante y después de la Primera Guerra Mundial hasta su entrada en la universidad McGill para estudiar medicina. El libro ofrece un retrato humorístico, afectuoso y multifacético de su infancia en un vecindario de inmigrantes, concentrándose en cómo alcanza la mayoría de edad, en su vida familiar, las amistades y su educación. *Una infancia en Montreal* revela muchas facetas del carácter, desarrollo intelectual y evolución psicológica de Eric. También ofrece sus primeras observaciones y experiencias en relación con sus prójimos, que le condujeron a sus posteriores pensamientos sobre las relaciones humanas, y cuya evolución finalmente dio lugar a las teorías y prácticas de su principal contribución a la psicoterapia, el Análisis Transaccional.

Eric nació el 10 de mayo de 1910 con el nombre de Eric Leonard Bernstein. Grace, la hermana de Eric, nació cinco años después. Los abuelos paternos habían emigrado a Canadá desde Polonia escapando de los *pogromos* y para eludir el reclutamiento por parte del ejército ruso. En Montreal su abuelo se convirtió en optometrista ambulante. Su hijo David (padre de Eric) trabajaba durante el día en una tienda de puros y por la noche estudiaba medicina en la Universidad de McGill. David Hillel Bernstein se convirtió en un médico muy conocido en Montreal, la mayoría de cuyos pacientes provenían de la comunidad de inmigrantes de la ciudad. Fue cofundador de una clínica para dar servicio a esta población, y la llamó Theodor Herzl[2] en honor al fundador del sionismo moderno. En 1918 el Dr. Bernstein contrajo la gripe en la infame epidemia de gripe que asoló el mundo en los años posteriores a la Primera Guerra Mundial. Pronto contrajo tuberculosis y murió dos años más tarde, a la edad de 38 sin haber dejado nunca de ejercer. Eric tenía 10 años.

La madre de Eric, Sara, nació en Pinsk, en lo que ahora es Bielorrusia, no muy lejos de la frontera con Polonia, y emigró a Canadá con su madre, Anna. Su padre, Joseph Astrovsky escapó más tarde de ser reclutado por el ejército ruso y se unió a ellas en Montreal, donde, después de una breve temporada como sepulturero, abrió una tienda de muebles de segunda mano. Tanto Sara como sus hermanas estudiaron magisterio en una escuela asociada a la Universidad de McGill y se hicieron maestras. Tras la muerte de su esposo, Sara Bernstein mantuvo a sus dos hijos trabajando como editora y escritora para periódicos locales. Parece haber sido el complemento intelectual ideal de su esposo, y seguro que el amplio interés de Eric por la literatura se debió a su influencia. Ella le animó a seguir los pasos de su padre y estudiar medicina. Eric se licenció en medicina y cirugía en la Facultad de Medicina de la Universidad McGill en 1935.

El mundo descrito en *Una infancia en Montreal* es el de un respetado doctor urbano de una ciudad occidental en el cambio de siglo, con los factores añadidos y significativos del vecindario de inmigrantes en el que Bernstein vivía, y su origen judío. Entre los pasajes más memorables del libro se encuentran las evocadoras y humorísticas descripciones de las muchas diferencias sociales y culturales reinantes en el Montreal de la época, así como las anécdotas que narran cómo

---

[2] NEF: Theodor Herzl, (1860-1904), periodista y escritor judío austriaco. Fundador del movimiento sionista en 1897, creó el fondo nacional judío para la adquisición de terrenos en Palestina.

los niños de la calle de Ste. Famille aprendían, a menudo de forma dolorosa, a sobrellevar esas diferencias.

Entre las muchas digresiones del manuscrito de *Una infancia en Montreal* había una muy larga (unas 10.000 palabras) sobre varias ponencias científicas del padre de Eric en relación con sus experiencias tratando las enfermedades de la población de pobres e inmigrantes de Montreal, que incluía una severa crítica a la profesión médica por no tener en cuenta las circunstancias particulares que la pobreza o incluso el sexo[3] añaden a la vida cotidiana. El padre de Eric creía que el tratamiento para cosas como la tuberculosis debía adaptarse a las circunstancias de la vida real de la gente, y especialmente a las diferencias entre hombres y mujeres y las tareas que afrontaban en el hogar y en la sociedad en su conjunto. La profesión médica establecida se mostraba reacia a oír estas cosas de un médico joven que no estaba vinculado a ningún hospital, y que además era judío en una sociedad protestante y todavía mayoritariamente antisemita. Aunque no pude incluir esta sección entera en el cuerpo principal del libro sin entorpecer seriamente la fluidez narrativa, creo que funciona bien como apéndice, ya que arroja alguna luz sobre los orígenes de mi padre y sobre el contexto médico en el que decidió seguir los pasos de su padre al estudiar medicina en McGill, el *alma mater* de su padre. Además muestra con bastante claridad la semilla o modelo del humanismo social propio de Eric, y hay un párrafo en el que describe su opinión sobre la metodología médica de su padre, que es una de las mejores descripciones de su propia aproximación, o al menos una declaración de su ideal profesional:

---

[3] NTE: Según el DRAE, la palabra «género» referida a lo masculino y lo femenino se circunscribe sólo al ámbito gramatical; en inglés no es así, ya que una de las entradas de la palabra «*gender*», es «*sex*». Es decir, en inglés sí son sinónimos, mientras que en español no.

Se puede decir que todo esto es la forma de medicina clínica más sensata, que relaciona las enfermedades de la carne con la condición humana, que toma al paciente que vive en el mundo como objeto de estudio y que estudia ese mundo tan concienzudamente como estudia a los organismos que lo habitan. En esta aproximación la calidad prima sobre la cantidad, y no conoce rival en el laboratorio ni en la sala de computación. No hay sustituto para las repetidas visitas a los hogares, la observación continua del nacimiento, vida y muerte, y patología durante un largo periodo de tiempo en el tejido vivo de la familia, todo ello tamizado por el cerebro alerta, sofisticado e inteligente de un clínico creativo y lleno de determinación.

Si bien *Una infancia en Montreal* será principalmente de interés para aquellas personas familiarizadas con el trabajo de Eric, creo que es una adición a sus obras publicadas que merece la pena, y estoy seguro de que él estaría encantado con la forma que finalmente ha tomado y con el hecho de que finalmente haya visto la luz este amable retrato de sus primero años de vida en su ciudad natal.

Terry Berne

Agradecimientos

Me gustaría dar las gracias a mis hermanos Rick y Robin y Peter, y a mi hermana Janice por su apoyo; a mi sobrino Nick Calcaterra que creó y mantiene EricBerne.com; a Lisa Mix del Archivo Eric Berne en UCSF (Universidad de California en San Francisco); de Australia, a Kerry Towers y Helen Wilson; de Suecia (¡vía China!) a Thomas Ohlsson; a Roberto Kertész y Elisa Lion de Argentina; a Gloria Noriega de México; a Adrienne Lee de Reino Unido; a Elyane Alleysson de Francia; y a Galina Radeva de Bulgaria. Debo mencionar en especial a John Heath y Manon Plouffe del Congreso del Centenario celebrado en Montreal.

Mi más cálido agradecimiento para mis amigos españoles Francisco Massó y su esposa Ángela, y a Felicísimo Valbuena y su esposa Pilar por su increíble amistad y ánimos durante los últimos años; y a todos mis demás amigos españoles de AT, incluidos Mariano Bucero, Rafael Camino, Rafael Sáez, Jesús Cuadra, Josep Lluís Camino, Lluís Casado y Marisol Llavero. Sin el entusiasmo, la imaginación y el duro trabajo de Agustín Devós, fundador de Editorial Jeder en Sevilla, España, es posible que este volumen nunca hubiera visto la luz.

Me gustaría tomarme la libertad de dedicar este libro en nombre de Eric a su madre, Sara Gordon Bernstein, a su padre, David Hillel Bernstein y a su difunta hija, Ellen.

Terry Berne

Primera Parte

Infancia

El Ford y las Pieles de Búfalo

En verano por las mañanas íbamos en el Ford. No en cualquier Ford, sino en un espléndido Ford con gruesos radios pintados de un color limón que se te hacía la boca agua al mirarlos. Las calles en las que vivían los pacientes eran estrechas y con frecuencia cuando aparcábamos no había otros coches a la vista, sólo las largas sombras verdes de los olmos y los arces. Si la visita era corta Padre dejaba el motor en marcha para no tener que arrancarlo de nuevo, y yo sabía lo que tenía que hacer si había algún problema: girar la llave para apagarlo y dirigirlo a la cuneta.

Padre llamaba al timbre y la madre descolorida de alguien le abría la puerta a una casa sombría. Padre entraba con su cartera negra y la puerta se cerraba tras él. Yo miraba a la puerta y la puerta me miraba a mí y decía «Soy una puerta y me interpongo entre tú y los misterios de las vidas de los demás». Yo me corría al asiento del conductor del orgulloso auto y miraba a todas las puertas a ambos lados de la calle. Un hombre meditabundo caminaba lentamente bajo los arces soleados y por ahí se acercaba el murmullo de un vagón de cerveza o de carbón, o el dinámico tamborileo de un trotón malhumorado, marchando entre las largas sombras esmaltadas, cuyo conductor se sentaba erguido con su gorra deportiva y una fusta destellante. Los vagones de cerveza eran más interesantes porque sus caballos eran gruesos y sólidos, con cernejas sobre los cascos. También tenían un chorro grueso y sólido, que inundaba majestuosamente toda la calle. A veces uno levantaba su trenza enlazada y el gran iris negro que había debajo de la raíz se abría y dejaba un mágico rastro de bolas doradas. Después los gorriones venían revoloteando desde los árboles para almorzarse la avena.

A veces Padre me llevaba en sus rondas después de la escuela, en primavera cuando las calles estaban llenas de alas de arce, o en otoño cuando anochecía temprano. Entonces las aceras estaban llenas de niños jugando y gritando alrededor de las parcelas vacías. Eran los mismos niños con los que yo iba a la escuela, pero no hablábamos, por timidez en ambas partes. En la escuela yo era simplemente otro niño, pero aquí era el hijo de mi padre, y los niños tenían tos, y mocos y feas ronchas en la piel. Yo sabía el nombre de la tiña y de las liendres, y del sarampión y las paperas, y de la escarlatina; lo peor era la difteria. Esta calle sucia era su mundo, y yo sabía que era un mundo de gérmenes y de hambre, al que yo no pertenecía y en el que no me recibirían como a un igual.

En invierno era un trineo tirado por caballos. El cochero venía tintineando calle abajo mientras que Padre todavía estaba desayunando. Yo lo miraba por la ventana, la respiración del caballo y la respiración del hombre helándose como el humo blanco de un cigarro secreto. Afilados carámbanos colgaban rígidos del bigote del hombre y de las narices del caballo. Padre se ponía su gorra de piel de mapache y su gran abrigo de piel y Madre me abotonaba mi abrigo de lana y me coronaba Rey de las Ventiscas bajo un suave gorro con una gran borla esponjosa en lo alto. El cochero decía *Bonjour* o *Gud mor-ning*, y sonreía levemente con digna reserva. Después nos acomodaba dentro meticulosamente, uno junto al otro bajo la enorme piel de búfalo y nos íbamos, con Madre diciendo adiós con la mano desde la puerta y hermanita de pie junto a ella moviendo a su vez la mano con una consciente y delicada precisión de la muñeca.

Primero estaba el pesado crujido de las patas, después algunos tintineos discordantes y después el caballo remaba suavemente calle abajo al ritmo de la música de las campanas. La gente caminaba con las narices enrojecidas y el cuello del abrigo subido, el resto de sus cuerpos escondidos detrás de los montones de nieve que separaban la calle de la acera. Las campanas de los trineos se acercaban y se desvanecían desde todos lados mientras se abrían camino a través del tráfico. La nieve fresca era suave y acogedora silenciando casi por completo las patas y amortiguando las campanas. La nieve vieja se apretujaba y era lisa y a veces como hielo. Entonces las patas crujían y las campanas eran un revoltijo de matices; el trineo se balanceaba y a veces patinaba.

Las calles donde vivían los pacientes estaban ahora blancas y limpias excepto donde los caballos las habían amarilleado. Se paraban en una puerta y Padre salía y me arropaba dentro para que estuviera cómodo. Llamaba al timbre, alguien abría la puerta, él entraba, la puerta se cerraba y ya no había más Padre. Yo miraba la puerta y la puerta no me decía nada de lo que ocurría detrás de ella. Padre iba de una inexpresiva puerta a otra y nadie sabía cuánto tiempo pasaría antes de que volviera a salir por ella. El cochero se sentaba un rato, la cabeza arremolinada en sus propias vaporosas exhalaciones, y yo me rebullía cómodamente, satisfecho de paciencia y orgullo filial. Después el cochero empezaba a caminar arriba y abajo, golpeándose con los brazos el pecho y palmeándose los hombros con los mitones. El cochero y yo nunca hablábamos porque todo el francés que yo sabía era *Merci beaucoup!* y *S'il vous plaît!*, y todo el inglés que hablaba el cochero eran los números de las casas y *Gud mor-ning!*

Así que yo miraba a las puertas inexpresivas y a la bufanda de punto del cochero y a las manos que palmeaban y a la gente con la nariz colorada que iba calle abajo y escuchaba las campanas de los trineos, y practicaba cómo hacer humo de un puro con mi respiración, y me sentía bien porque mi padre estaba en una casa extraña haciendo lo que quiera que hicieran los médicos, dar medicinas o retirar tenias o decirle a la gente que hiciera gárgaras, y poner apósitos adhesivos o vendas en sus cortes y quizá vacunándolos y dándoles tratamiento a las madres con bebés demasiado pequeños para nacer. Pero nunca era un parto, porque eso era la otra bolsa negra, algo especial, y nunca me llevaba a esas visitas. Entonces Padre salía y el cochero lo acomodaba dentro y volvía a su asiento y se iban a la próxima visita que Padre encontraba en su librito negro. Las llamadas llegaban por teléfono, el número era 363 Este. Padre no decía nada porque estaba pensando en la gente enferma y el cochero no decía nada y yo no decía

19

nada, sólo me sentía cómodo y miraba alrededor a todo lo que la calle ofrecía.

Después de terminar las visitas volvíamos a casa. Padre le daba dinero al cochero y entrábamos y pateábamos para quitarnos la nieve de los pies dentro del porche delantero. Madre venía y me ayudaba con mi mono de lana y miraba a Padre como preguntando «¿Están mejorando todos?» y Padre asentía para tranquilizarla y preguntaba «¿Alguna llamada?». Después todos íbamos a la cocina y Padre besaba a mi hermanita en su silla alta y se iba al despacho. Madre ponía leña en la estufa, y ahí las ollas hervían y también en la cocina de gas, y Marie la criada lavaba con la tabla en las grandes tinas blancas. Madre golpeaba la masa y la espolvoreaba con harina y la extendía sobre un molde redondo con un rodillo. O terminaba de glasear un pastel y nos dejaba el azúcar de lustre a mi hermana y a mí en un cuenco, e intentábamos no pelearnos porque sabíamos que si lo hacíamos nos enviarían arriba a los dos. Después de un rato Padre bajaba al sótano y agitaba la caldera y la llenaba de carbón. Con el almuerzo mi hermana y yo tomábamos el tónico de hierro líquido con estricnina y era difícil de tragar de lo amargo que estaba, pero eso lo hacía buena para uno.[4] Después de comer lo que llamábamos almuerzo de nuevo había horario de oficina. Sonaba el timbre y Madre o Marie acudía hasta que la sala de espera de la parte de delante de la casa estaba llena de pacientes.

Padre iba a la consulta y cerraba la gran puerta de caoba que separaba la consulta de donde vivíamos. Una vez que esa puerta estaba cerrada, mi hermana y yo podíamos jugar tranquilamente o bien batallar en susurros, tirones y miradas furiosas, porque si levantábamos la voz en paz o en guerra lo suficiente como para hacer que Padre saliera de la consulta,

---

[4] NEI: Durante la primera mitad del siglo veinte, antes de que se descubriese su elevada toxicidad, la estricnina se consideraba un estimulante y un remedio para el aparato digestivo.

no había discusión ni apelación a la rápida reprimenda, que rara vez llegaba a castigo.

Acontecimientos en Varias Partes del Mundo

Al principio hubo una tormenta con truenos y en la fulminante luz de la tarde, Madre tuvo un niño asistida por un médico interno. Pero ese martes el mundo no era sólo para nosotros —la Madre, el interno y yo—, ya que en el preciso momento en el que nacen los bebés otros grandes acontecimientos están teniendo lugar en, sobre, y bajo la superficie de nuestro relativamente pequeño planeta. Era el mes de mayo, el más suave de todos, y la fecha es fácil de recordar: 10 de mayo de 1910. Ese fue el mes en el que el volcán Irazú hizo temblar la meseta de Costa Rica con tal violencia que 1500 personas murieron en Cartago y esto avivó el asombro y consternación causados por el hecho de que el cometa Halley, que se había hecho esperar desde 1833, llegaba tres días tarde. Pero más trascendental para la trama de mi vida fueron los hilos cuyos primeros nudos estaban siendo tejidos en Viena, donde un comerciante de viejas fotos de veintidós años se sentaba en los cafés a leer periódicos políticos, mientras que no lejos calle abajo, un doctor con barba estaba organizando una asociación internacional para curar las enfermedades mentales. ¿Se cruzaron alguna vez en la calle en esos días el joven fracaso y el éxito barbudo?[5]

Abuelos

Mi abuelo había nacido poco menos de cien años antes, en tránsito por una de esas banalidades históricas que parecen eternamente nuevas y que son el resultado del ciego derramamiento de sangre y de la corrupción, y que fuerzan a po-

---

[5] NEE: El autor se refiere a Adolf Hitler y a Sigmund Freud.

21

blaciones enteras en un instante hacia los molinos de los dioses[6], de donde sólo los que más determinación tienen emergen para perseguir su propia realización. El asesino despierta y Abdul, Alejandro o José están muertos, el populacho se agita como un árbol al que le ha caído un rayo partiéndole el tronco entre Estos y Aquellos. Estos se lanzan contra Aquellos para matarles y saquearles, y Aquellos tienen la opción de luchar, esconderse o irse a algún país nuevo y extraño.

En su caso, mis abuelos fueron desde una aislada esquina de Europa llamada Pinsk a Norteamérica, donde la gente recientemente había terminado la copiosa matanza del bisonte, la de los indios y entre sí, y se estaban estableciendo para hacer mejores tranvías y tuberías interiores. Lejos del conflicto continental, la pareja descansó, se hizo enormes fotografías coloreadas a mano para colgarlas en la sala de estar y se dedicó a criar a sus seis hijos. Mi abuelo, que era diseñador textil con cierto interés en la óptica, encontró que el país estaba inundado de diseñadores textiles, y se volvió a su hobby para ganarse la vida. Se convirtió en lo que en aquellos días pasaba por un optometrista.[7] Sin duda era un honesto estudiante de su disciplina y aunque no tenía un equipo de la calle Harley, es probable que contribuyera concienzudamente a la reducción de la miopía y la presbicia entre sus paisanos inmigrantes.

Análisis Químico en el Viejo Boston

Su primogénito creció y se convirtió en un adolescente bastante típico de esa época: llegó hasta el instituto trabajando

---

[6] NTE: Referido al dicho de Sexto Empírico, filósofo griego. También Henry Wadsworth en *Castigo* escribe «Aunque los molinos de los dioses muelen despacio; Muelen fino; No obstante la paciente espera; con certeza lo muelen todo».

[7] NEF: La optometría estudia y profundiza en el conocimiento de los procesos visuales, y establece las técnicas y los medios necesarios para prevenir y corregir los problemas de visión.

en un taller donde los explotaban, y en el que respiraba aire contaminado, lo que a la postre acabó con él. La literatura de esa época trataba sobre todo de marineros, amantes y princesas, pero la vida tenía un lado más común, cuyo resultado era que una de cada diez muertes se producía por ingestión del bacilo de la tuberculosis. Un trabajo particularmente arriesgado y que estaba abierto a los adolescentes, era el de liar cigarros. Hasta el final de sus días mi padre pagó su cuota a la Unión de Fabricantes de Cigarros.

Después de terminar en el Instituto siguió un camino atípico al Preuniversitario y a la Facultad de Medicina. Por alguna razón que no está clara, se mudó a Boston durante sus años de instituto y su diario a principios de 1901, cuando tenía diecisiete años, esboza cómo vivía un adolescente bastante típico en esa época y lugar.

El diario incluía un almanaque con todo tipo de información útil: una fanega de cebada pesaba 50 libras en California pero sólo 32 libras en Louisiana; una carta a China costaba 5 centavos vía San Francisco y 10 centavos vía Brindisi; un franco belga, un marco finlandés, un franco francés, un dracma griego, una lira italiana, una peseta española y un bolívar venezolano cada uno valía 19,3 centavos; el primer carruaje sobre ruedas apareció en Francia en 1559. También informaba al joven dueño del diario de que «La vida humana media era de 31 años».

Trabajaba solo en el laboratorio de química de la escuela. Iba a los bailes de *Pain Memorial Hall* los sábados por la noche pero en una ocasión «no disfrutó debido al olor de los licores». También estudiaba Poesía (William Cullen Bryant) y Redacción. En casa tenía una novia que había prometido escribirle. Evidentemente pronto se adaptó al olor de los licores, ya que fue a otro baile y «conoció a una joven y bailó con ella toda la noche y se citó con ella para verse en Malden». En aquel momento los alumnos hicieron circular una petición para extender el año escolar un mes más de lo habitual y él firmó que «Sí». Las cosas iban bien con su nueva amiga Vera. Mientras tanto el Imperio estaba siendo reorganizado. «La

Reina Victoria murió y el Príncipe de Gales es Rey y el Duque de York es Príncipe de Gales y su hijo es Duque de York». Estaba ahora fundiendo metales sobre carbón, haciendo ensayos a la llama, identificando elementos a partir de los colores que emitían. «Me dieron una sal que me desconcertó un poco, pero no estoy desanimado».

Marzo era el mes de los exámenes: Literatura Americana, Física, Psicología, Aritmética y Química. Todo este tiempo había estado trabajando en una tiendita liando cigarros. Ganaba una media de 12,50$ a la semana, de los que gastaba unos 8$ en manutención. El otoño anterior se las había arreglado para ahorrar 40$ y de acuerdo con la última entrada de su diario el 8 de abril, empezó a tomar clases de Álgebra y Geometría al precio de 20 clases por seis dólares. Lo que le curó de llevar un diario no se sabe, pero estaba tan completamente curado que ni siquiera anotó el asesinato del Presidente McKinley ese septiembre.

Han Envenenado la Atmósfera

La siguiente vez que sabemos de él es en 1903, después de haberse ido de Boston. Ha encontrado una nueva novia, Sara, y con esta se queda. Es un hombre de mundo de veintiún años, y ella acaba de cumplir dieciséis, pero ella le comprende perfectamente. Su correspondencia está, por supuesto en un plano superior, bastante acorde con la armiñada figura del Rey Eduardo de los sellos de correos. El 7 de julio, cuando ella está evidentemente en la montaña de vacaciones, él le escribe:

> Hace un día muy cálido hoy en la ciudad. La brisa fresca del campo y el oxígeno son sin duda placenteros. No obstante, no todo el mundo puede participar de esos lujos, que, aunque han sido dados por la naturaleza para que su disfrute sea universal, están sin embargo normalmente limitados a unos pocos. Y aun así, cuando consideramos el tema con detenimiento, esta (selectividad) no es una completa desventaja de todo ser vivo.

Supongamos que toda persona sea adulta o infante, hombre o mujer, fuera al campo y pudiera ocupar su mente con aquello que le apeteciera: el mundo no necesitaría tantos médicos ni enterradores.

Sólo piensa que hay unos setenta y cinco niños que mueren cada semana en esta ciudad, no porque hayan heredado ninguna enfermedad particular de sus ancestros, sino porque respiran ese repugnante aire que en lugar de ser oxígeno puro refrescado con nitrógeno, está mezclado con dióxido de carbono y otras materias repugnantes que matan la infancia, asesinan a los jóvenes y destruyen a los ancianos. Eres consciente, espero, de que este mundo le debe vida a toda persona. Si nuestra población estuviera sana, algunos de los médicos y enterradores tendrían que buscarse otra forma de ganarse la vida. Tendrían que hacerse zapateros, herreros, y mecánicos, que no son ocupaciones tan sutiles, aunque puede que sean más honradas...

Si tenemos en mente que el joven en este momento estaba esperando a que le dijeran si lo habían admitido en la Facultad de Medicina, su inquieta ironía es fácil de comprender. Las quejas de los adolescentes, igual que las prédicas morales de los padres, nunca pasan de moda. De hecho, no era el dióxido de carbono lo que estaba matando a esos setenta y cinco niños todas las semanas, sino otra cosa, algo que producen «los pocos que tienen ventajas sobre nosotros» (por usar una frase de otra de sus cartas). Le costó muchos años de arduo estudio cumplir su deseo tan claramente implícito más arriba: averiguar qué era ese algo y quiénes eran esos pocos, y encontrarse en una posición que le permitiera hacer algo al respecto. Sólo unas semanas después de la carta del dióxido de carbono, hizo una importante declaración a sobre este asunto. Evidentemente la dama le había reprochado por hablar demasiado sobre sí mismo.

30 de julio de 1903

Carissima:

Podrás ver por el contenido de esta carta que si quisiera decirte brevemente lo que quiero decir, tendría que empezar con un gran yo.

Como norma decimos tú y yo cuando en realidad queremos decir yo primero y tú después. No intento decir que esta norma sea buena en este caso, ni estoy preparado para discutir mucho sobre el tema. Nunca nos gusta mostrar nuestras faltas, mientras que siempre intentamos mostrar nuestros méritos. Por tanto cuando decimos tú y yo sólo queremos mostrar que somos capaces de ser educados y así exhibimos uno de nuestros méritos.

No obstante, no siempre se nos puede condenar por empezar una carta por un Yo mayúsculo. Recibí una carta del College esta mañana que empezaba con un gran yo. La carta reza así: «Me complace…» Naturalmente no esperarías que comenzara de otra forma. La carta me informa de que he pasado el examen y estoy por tanto cualificado para entrar en la facultad de medicina como estudiante universitario…

Espero que me disculpes por poner a prueba tu paciencia. Quedo
Sinceramente tuyo,
David

Con Timidez y Sueños

La Facultad de Medicina era una ardua empresa para alguien con pocos recursos externos. Pero la familia echaba una mano siempre que podía, y a él le sustentaba el pensar en su amada.

En el verano de 1905, cuando ella estaba de nuevo en las montañas, su noviazgo había tomado ya un serio giro:

Esta semana hago tres tipos de trabajo: 1. Liar cigarros. 2. Estudiar. 3. Pensar en ti.

Su noviazgo era una mezcla de romance, timidez, ternura y trepidación. Después de visitarla un fin de semana, escribe:

Pídele a tus margaritas una sorpresa a ver si te dan alguna. Aunque hay muchos sueños en este mundo, la realidad es preferible. Tu padre temía que perdiera el tren, así que le dije que estuve cerca de perderlo, y quise decirle que si nos hubiera visto

26

bajo la sombra del último pino, hubiera pensado que lo perdería, pero no se lo dije. El día de ayer me parece un agradable sueño y hoy me sentí como alguien que se despierta tras haber tenido agradables sueños. Parece que no hice nada ayer salvo admirarte. Incluso estuve celoso cuando tu padre te besó en el tren.

También había verdaderas esquelas de amor, papelitos enrollados con mensajes escritos en latín:

Carissima: Doleo dolendo te, non vexamini, amo te.

Cuando le pedía disculpas, a veces era por lo atrevido de sus ideas y la fuerza de sus sentimientos, y a veces por la calidad de sus cartas:

Espero que disculpes mi despliegue de caligrafía, ya que tengo tantos apuntes que copiar, la pluma es mala y el papel pobre.

La modestia de ella era más indirecta y requería que él la tranquilizara:

En tu última carta pareces dar muestras de dudas sobre las capacidades de Mr. T porque a su juicio tienes muchos encantos. No estoy del todo de acuerdo contigo cuando dices que no debe tener buena vista. Es un buen tipo simple y sin diplomacia.

Él intentaba cuidarla tanto mental como físicamente.

Me dolió leer que no te diviertes mucho. Me gustaría que pusieras de 5 a 10^8 libras como otra gente me dice que hace cuando se va de casa un par de semanas. Que seas buena contigo es mi deseo.

---

[8] NTE: Entre 2 y 4.5 kilos aproximadamente

Le daba consejos paternales sobre cómo guardar los sellos de forma que no se pegaran, e incluso interpretaba los sueños de ella:

Ese sueño tiene que haber sido el resultado de mi paseo con Tessy el sábado por la tarde. ¿La chica tenía un lazo rojo en el pelo?

En este periodo parecía haber una reticencia femenina de la que él se quejaba.

Me alegra que encuentres mis cartas terriblemente bonitas, querida, pero la única queja que tengo es que quieres que yo lo diga todo y tú no dices nada. Aun así, supongamos que según tú sea el hombre el que tiene que decirle a la fémina cuánto la quiere. Si es así, te diré la próxima vez que nos veamos cuánto te quiero. No hago otra cosa que pensar en ti y especular sobre en qué calle estarás cuando imagino que estás caminando. Cuando vi tu sobrecito azul me produjo un efecto similar al de la repentina aparición del Sol entre la Niebla. Doy la bienvenida a cada una de tus cartas. De hecho, cualquier cosa tuya me da una gran alegría, mi querida niñita.

Ocasionalmente ella le daba algún premio:

Me alegró mucho leer que probaste con tres margaritas y averiguaste que él te quiere.

A veces también había turbulencias. Continúa:

Creo que así es la mayor parte del tiempo, es decir, excepto en las ocasiones en las que no te portas bien con él, y él empieza a preguntarse si su amor es lo suficientemente fuerte como para vencer esos desagradables momentos.

Pero ella tenías sus razones para estar distante a veces. En una ocasión él explica:

Eres consciente por supuesto de que fui a casa de la Srta. V en una misión. Estoy realmente avergonzado de haberme deja-

28

do arrastrar hacia tanta charla femenina con la encantadora joven de allí, charla que ahora no vale ni cinco centavos la fanega. Siento mucho haberte causado tantas inconveniencias y espero que me perdones por haberte tratado como lo hice. Me gustaría que estuvieras aquí ahora, entonces podríamos tener una de nuestras pequeñas charlas, incluso si tuviera que poner a un lado la Anatomía o la Psicología.

Y siempre acababa con la misma despedida:

Sé buena contigo.

Un Viaje Importante a las Montañas

El verano siguiente él había terminado su tercer año en la facultad de medicina y podía cuidar de ella de una forma más científica.

Le dije a tu padre que te enviara una botella de brandy que debes usar de la siguiente forma. Toma un poco de brandy y añádele la yema de un huevo y un poco de azúcar y mézclalo, después añádele algo de leche si quieres, y bébetelo. Toma esto tres veces al día. Una dosis de esto es tan buena como una pastilla de Blaud, si no mejor.[9]

Con toda esta preparación se sentía ahora digno de hacer un importante viaje a las montañas, y del paquete de cartas atadas hace tanto tiempo con un lazo rosa, emerge la siguiente declaración:

19 de agosto de 1906

Mi querida Sara,
No puedo refrenarme de escribirte inmediatamente sobre los estupendos acontecimientos que ocurrieron esta tarde en la

---

[9] NEI: Píldora de carbonato de hierro muy empleada entonces como reconstituyente y como remedio para la anemia. Inventada en el siglo XIX por el médico francés P. Blaud de Beucaire.

montaña. Supongo que no habías soñado con perder tus libertades tan repentinamente o tan pronto, y aun así es cierto que perderás tus libertades en dos semanas, es decir, tu padre quiere celebrar un doble acontecimiento, uno por ti y uno por tu hermano, pobrecillos. En otras palabras, tu padre te me va a entregar por medio de una regla que se llama compromiso. Si tienes alguna objeción, por favor, dímelo en tu próxima carta para dejar de enviar invitaciones para el acontecimiento.

Espero que me disculpes por lo breve de mi carta

Quedo

Tuyo,

David

Esta carta fue escrita con prisas en un trozo de pobre y fino papel rural amarillento. Él tenía 24 y ella acababa de cumplir diecinueve. El «doble acontecimiento» se refiere a la simultánea confirmación del hermano menor de Sara, que estaba a punto de entrar en la adolescencia. En aquellos días, ya que no tenían un sistema de licencias de conducir bien organizado[10], el *rite de passage* de la niñez a la edad adulta consistía en una ceremonia religiosa en lugar de en una prueba de conducir.

Piensen ahora en la felicidad del padre de la dama que, siendo joven, había abandonado las sangrientas calles de un viejo país, y ahora en su mediana edad podía proclamar en la nueva tierra que había criado pacífica y satisfactoriamente a su hija mayor hacia un honorable compromiso y a su hijo mayor hacia una pía madurez. La confirmación se celebró con una fiesta el domingo 9 de septiembre de 1906, y el compromiso matrimonial el domingo, 7 de octubre.

---

[10] NTE: Aquí el autor ironiza sobre el sistema de permisos de conducir vigente en EEUU y Canadá. La edad para obtener el permiso de conducir (provisional) es de 15 ó 16 años, dependiendo del estado, con el que se puede conducir siempre en compañía de un adulto. Después de un año pueden ir sin adulto, pero no en compañía de otros menores. A los 18, se puede obtener el permiso de conducir permanente.

Tres años de noviazgo y tres de compromiso. ¡Qué épica lucha y que épicas se luchaban para traer a alguien a este mundo! ¡Cuánto les debía a ellos, mis ancestros, y con qué frecuencia les he defraudado! Cuánto les debemos a nuestros ancestros, ya que, después de todo, pocos linajes pueden ser malos durante más de dos generaciones. Si de abuelos ricos, nietos pobres, sin más botín que un esqueleto en el armario, también de abuelos héroes hay nietos héroes, con una medalla en el cajón para demostrarlo.

Aurungzebe[11] y la Medalla Fantasma

En la única fotografía existente de mi abuelo materno aparece de uniforme como jefe de la banda militar de su tierra natal. Es muy probable que pasara sus años productivos como desertor, ya que el periodo estándar de servicio para los reclutas allí en aquella época era de 21 años. En cualquier caso, emigró de una forma u otra, se casó, y se estableció para formar su familia. La mayor parte de su vida llevó un negocio muy pequeño en un almacén muy grande en un distrito pobre y masificado de la ciudad, y debido a que prefería la erudición al comercio, se hizo muy respetado como sabio azotado por la pobreza. Las cartas, no obstante, son evidencia de que le tuvo que ir razonablemente bien en algún momento; al menos lo suficientemente bien como para llevar a su familia de vacaciones a las montañas.

Afortunadamente, este periodo de relativa prosperidad ocurrió durante los años de Madre en el instituto. Ya que sus padres la sustentaban, ella se podía dedicar con ahínco a sus estudios, de forma que obtuvo unas ejemplares calificaciones. Las más antiguas disponibles son de Quinto Curso en abril de 1903, donde ella era la primera de la clase en Química, Alemán y Latín, y (con una nota perfecta) en Geometría; segunda

---

[11] NEF: En *Lalla Rookh*, de Thomas Moore, Fadladeen habla de Aurungzebe como del «más honesto y mejor entre los descendientes de Timur».

en Redacción; y Tercera en Historia y Álgebra. Estaba floja en Francés, era mediocre en Dibujo y muy pobre en Canto. Lo último, por supuesto, era debido a su timidez, que debió aguijonearla, ya que el siguiente junio fue primera en esa asignatura. Ya a la edad de quince años era literalmente una dama perfecta, con un 100[12] en conducta. No cabe duda de que a sus maestros les gustaba tenerla en sus clases tanto como otros maestros más tarde disfrutarían de tener a sus retoños.

(Algunos de los maestros se quedaron el tiempo suficiente como para ocuparse de toda la familia. Whiskey Ross, el maestro en Matemáticas se tomaba un cuarto de galón de whiskey diario desde los tiempos en que Madre entró en el instituto hasta que su hija menor se graduó y sus manos, decían, fueron hasta el final tan firmes como las de un relojero). Algunos modernos pedagogos, más que disfrutar tal virtud y virtuosismo prefieren alarmarse. Pero, tal como lo expresó Rudolph Virchow,[13] «La auténtica felicidad no se basa en el aprecio de los demás, sino más bien en la propia consciencia del trabajo honrado».

Cuando tenía dieciséis años se graduó como Dux de Sexto, y hasta hoy hay una placa puesta en la entrada del instituto con su nombre entre los demás ganadores de la medalla de oro de aquellos remotos días. El premio de Francés consistía en un libro a tamaño folio publicado por Hetzel de *Vingt Mille Lieues Sous Le Mers*, de Julio Verne, con 111 ilustraciones de Neuville y Riou, grabadas por Hildebrand. En mis primeros años pasé muchas horas hojeando los dibujos de Ned Land y estos primeros buceadores que luchaban terribles batallas con ballenas, tiburones y pulpos.

---

[12] NTE: En el mundo anglosajón las notas se suelen dar en términos porcentuales, y por permeabilidad cultural en muchos países Latinoamericanos también. Al lector español le será más familiar aclarar que esto es un 10 en conducta.

[13] EB: Rudolph Virchow: *Enfermedad, vida y hombre*. Collier Books, Nueva York, 1962.

Ella tenía apenas dieciocho años cuando en 1905 se encargó de la Escuela Dominical que servía a la Corporación de Judíos Ingleses, Alemanes y Polacos, tomando el futuro de toda una sección de la ciudad en sus manos.

Sus hijos fueron a esta misma sección y cuando, veinte años más tarde, me gradué, ella aún enseñaba en una de las clases, aun cuando ya se había vuelto rebelde y la habían despedido de uno de sus trabajos. Naturalmente, después de que la despidieran encontró un trabajo mejor en una revista de noticias semanales (cómo fue despedida también de ésta es otra historia).

A pesar de las recomendaciones del instituto, de la Escuela Normal y de la Escuela Dominical es dudoso que fuera tan seria todo el día. Más bien era seria cuando lo requería la situación en las horas de trabajo y se reía en su tiempo libre. En cualquier caso, en el verano de 1906 mi madre, que ya era maestra de escuela y Superintendente de la Escuela Dominical, se comprometió con un estudiante de cuarto de medicina.

Ya Era de Día

Ahora empezaba su entrenamiento como novia del médico, en preparación para convertirse en la esposa del médico. El verano de 1907 fue divertido. Ella de nuevo estaba en las montañas y los colegas de él estaban estableciendo sus consultas. Él también la presionaba para que se mantuviera saludable.

No puedo evitar darte consejo profesional. RX: Duerme 9 horas de cada 24. Haz cuatro comidas al día. Sal al aire libre al menos 6 horas al día. Camina de 6 a 8 millas al día. Báñate cada día durante 10-15 minutos. Ve a dar una vuelta en auto diariamente. Sal en coche de caballos diariamente. Haz vida social agradable diariamente. Duerme en una habitación ventilada. No pienses mucho ni con mucha frecuencia en la ciudad. No comas bayas. Acata estas cosas y pondrás algo de peso.

Ya empezaba a encontrarse con algunos de los problemas prácticos del ejercicio de la medicina.

El otro día me pagaron 1,75 por las facturas y cuando envié dos de 2 dólares recibí el dinero. Un hombre masculló que su hijo ya estaba bien y que no veía por qué tenía que pagar la factura del médico. He hecho mis cuentas de final de mes y he ganado 63 dólares el mes pasado, que no está mal para un principiante. ¿Sabes ese caso al que fui a las 4,00 de la madrugada? Bueno, su esposo vino a verme hoy y casi le da algo cuando le dije que eran 2 dólares (por un aviso nocturno); pero protestó diciendo que ya era de día, así que le dejé marchar por un dólar y se fue contento.

En 1908 es un joven médico luchador:

Ayer gané 20,00$ en un día, aunque no recibí efectivo…

Y ya es un buen diagnosticador y pronosticador,

En cuanto a tu primito, dije que tenía tifoidea con síntomas meníngeos, pero eso no es exactamente lo mismo que la meningitis, ya que en este caso los síntomas meníngeos están causados por las toxinas de los gérmenes tifoideos y la fiebre tifoidea en niños no es tan mala como en los adultos. Sí, le hicieron una punción lumbar.

Aquí vemos que ella ya es suficientemente educada y está suficientemente interesada como para hacer preguntas inteligentes.

Él ya comienza a tener una reputación a la manera franca de aquellos días.

Un hombre me ha pedido una foto mía hoy. Quería ponerla en el periódico. Según dijo, su mujer le había dicho que yo había hecho revivir a un niño muerto, el idiota, el niño tenía una conmoción cerebral causada por una caída que le dejó inconsciente unas ocho horas. Quise decirle que no había sido mi medicina la que había producido tal efecto, pero que las órdenes de dejar al niño tranquilo le ayudarían más que las medicinas. He empezado a estudiar geometría.

Estaba atrapado en la parsimonia y las supersticiones de sus pacientes, la mayor parte de los cuales eran inmigrantes recién llegados de la gran oleada que golpeaba la Costa Atlántica de Norte América en la primera década del nuevo siglo; era una escena animada.

Bueno, la niña enfermó y su madre fue con ella al hospital y le dieron medicinas pero parece que hay una característica familiar; a saber, recibir la medicina y ponerla en la estantería. Una noche me llamaron a las 2.00 am y me encontré una fiebre de 106° F (41° C) y síntomas sospechosos pero nada definitivo. Dejé algunos calomelanos,[14] 8 en total para que se los dieran cada media hora, y una receta. De nuevo volví a las doce del mediodía y encontré las pastillas de calomelanos aún allí y que no le habían dado la medicina. Me dijo que la niña estaba débil, así que tuvo miedo de darle la medicina. No obstante le induje a que lo hiciera y la temperatura bajó de nuevo a 103° F (39,4° C) y se quedó así durante algún tiempo, pero al día siguiente volvió a subir a 105° F (40,5° C) y los síntomas se volvieron más marcadamente los de la meningitis. Después le dije que pusiera a la niña en paños fríos, ella dijo que sí, pero yo tenía mis sospechas, así que pedí dos sábanas y agua fría pero ella me las negó, entonces pensé que no tenía sentido dejar morir a la niña por la ignorancia de la Madre por lo que la envié al hospital. Me costó mucho trabajo que consintiera en enviar a la niña al hospital.

Sobrevivir a la Plaga

Después de algunos días en el nido, me llevaron a casa. Durante veinte años viví a seis manzanas del hospital donde nací, la mayor parte del tiempo sólo un par de puertas más allá. A su debido tiempo pasé del pecho a la leche condensada

---

[14] NEF: Medicamento muy utilizado a base de cloruro de mercurio.

Borden Eagle Brand, la nodriza de aquel momento que evitaba el bacilo letal de los productos lácteos comercializados. En los primeros años del siglo XX, el principal problema nutricional con los niños no era cómo prevenir las alergias y la malnutrición, sino simplemente cómo mantenerlos con vida. En 1915 en Nueva York, de cada 1000 bebés que nacían, morían 98 en el primer año; En Montreal eran 182, y en la ciudad de Quebec, 241. Se calculaba que el 49% de las muertes eran por diarrea, casi todas causadas por leche en mal estado, y las indicaciones eran que cada año iba a peor, no a mejor.[15] Mi padre aprendió por las malas, viendo cómo pasaban los pequeños coches fúnebres blancos, que no era el dióxido de carbono en el aire, sino las barritas microscópicas en la leche lo que envió a casi 2000 niños de la ciudad a sus tumbas en 1915. Sabía que casi todas las muertes eran prevenibles, y él quería prevenirlas.

Para los niños de aquella época no era suficiente sólo con sobrevivir. Beber leche de las granjas lecheras era como beber la Muerte Negra (uno de cada cuatro niños en Quebec moría por tomarla, igual que una de cada cuatro personas moría durante las grandes plagas del siglo catorce en Europa), así que la tendencia era usar substitutos de la leche cuando fuera posible. Pero la mayoría, si no todos los substitutos, incluida la leche condensada, eran deficientes en vitaminas, sólo que entonces nadie sabía eso. Incluso el más burdo de los suplementos vitamínicos, la nauseabunda botella de aceite de hígado de bacalao con el Capitán Courageous con su sueste en la etiqueta, no apareció hasta después de 1921. En aquel momento la distinción entre las vitaminas A y D no estaba clara, pero se sabía que el aceite de hígado de bacalao prevenía el raquitismo, así que todos los buenos padres se lo daban a sus hijos.

En cualquier caso, en 1910 cualquier padre estaba agradecido si el médico de familia simplemente mantenía al bebé

---

[15] EB: Del Reporte Anual del Departamento de Higiene y Estadísticas, Montreal, Canadá, 1915, pág. 26-32.

con vida durante su primer verano. Mediante su intuitivo pragmatismo, mi padre[16] no sólo se las arregló para hacer eso conmigo, sino que también se las arregló para mantenerme lejos del raquitismo, las alergias y otros peligros. De hecho, aunque Padre estaba expuesto diariamente a todo el espectro de virulentas infecciones infantiles como la diarrea, tifus, sarampión, viruela, varicela, escarlatina, tos ferina, otitis, neumonía, tuberculosis, difteria, paperas y meningitis, ni yo ni mi hermana menor tuvimos una sola enfermedad mientras nuestro padre estuvo vivo, excepto por un brote de dos días de rubeola al final de la infancia. Todavía escapa a mi comprensión cómo consiguió este milagro en aquellos días oscuros para la medicina clínica, ya que rara vez en mi propio ejercicio me he cruzado con un paciente que no haya tenido una o más de estas enfermedades en su primera infancia.

Los Primeros Dos Años

El noviazgo según los estándares del manual moderno, fue un fracaso (permanecieron igual demasiado tiempo, se pedían disculpas uno a otro demasiado, no discutían lo suficiente), pero de alguna forma sobrevivió. Se puede inferir que durante aquella época Madre expresaba una coqueta desconfianza en sí misma y ciertas trepidaciones. No obstante, para 1912 escribía con la misma vigorosa caligrafía que tuvo el resto de su vida, como muestra la correspondencia con su esposo cuando éste se fue a Boston durante diez días para algún tema profesional no declarado. Recordemos que para entonces ya llevaban casados tres años, y yo me aproximaba a mi segundo cumpleaños. Muy probablemente fuera su primera separación.

12 de abril

Querido y viejo David,

---

[16] NEE: Única vez en todo el escrito que se refiere a su padre como «mi padre». En el resto, siempre aparece como «Padre».

Qué emoción saber de ti, cabría pensar que estoy enamorada de ti, que como sabes, lo estoy. Me sentí muy mal el día que te fuiste. Durante el día no tanto, pero lloré de soledad hacia las siete de la tarde. Estaba segura de que el tren había descarrilado. E incluso si no había sido así, estaba segura de que estarías mortalmente cansado y olvidé ponerte galletas en la bolsa, y debes tener hambre, y quizá perdiste la bolsa de fruta o algo.

Nardo (me llamaban Nardo, como diminutivo de Leonardo) dice «Padre» de vez en cuando, pero no está desconsolado como yo. Anoche Ida (una amiga de la familia) durmió aquí. Por la mañana cuando N vino a la cama, ella estaba de espaldas así que le dije «¿Quién es, N?». «Padre», dijo jovialmente, pero cuando Ida se dio la vuelta se quedó mudo de desilusión y finalmente murmuró «Ida». No lo entendía. Recibo algunas llamadas, pero los pacientes se las arreglan sin ti. Es sólo que me siento perdida. Nadie para quien vestirme, nadie para quien cocinar, a nadie le importa lo que haga. Prefiero contestar al teléfono toda la noche. Adiós querido tontito, no le hagas la corte a nadie más o me muero.

14 de abril
¿Me pregunto quién te besa ahora? Alguna solterona de Boston supongo. Escríbeme qué cosas se llevan en Boston, aunque supongo que no sabes; sólo eres un hombre. Espero que me traigas algo lindo de ropa. N te echa de menos por las mañanas y siempre se mete bajo las sábanas buscándote. «Ido», dice. ¿Cuándo vienes a casa? ¿Cómo has podido dejar a tu preciosa mujer e hijito tanto tiempo, monstruo insensible? Si no me escribes una carta larga, me volveré violentamente loca (*Dementia Amoris*).

17 de abril
Si crees que no estoy ocupada contestando al teléfono, te equivocas. Está haciendo horas extra y no para de sonar. Pero no me importa mientras tú te estés divirtiendo. Acabo de enviar a J. y B. (pacientes) a R. (colega). Por supuesto que no les gustará. Uno me dijo cuando le ofrecí otro doctor «No quiero otro médico, lo quiero a él». Todos te quieren y yo también. L dice «Ido» de una forma tan triste, que resulta descorazonador.

En todos mis recuerdos y en todas las horas que he pasado en ambos lados del diván a ambos lados del continente, nunca recuerdo que se levantaran la voz o que se dijeran nada desagradable el uno al otro.

Una Coincidencia Desconcertante

Tomé consciencia como ser humano cuando tenía tres años y nueve meses, de pie frente a la puerta cerrada del dormitorio de mis padres una tarde invernal, y ese primer destello de mi propia existencia independiente permaneció siempre conmigo en forma de rectángulo de caoba enmarcado con picaporte metálico, una imagen que yo he podido invocar ante mi ojo interior y mantener detrás de mis ojos reales en cualquier momento durante mi vida, y que con sólo cerrar mis párpados podía proyectar ante mí con sus prístinos colores, el rojo madera intenso de la puerta y el largo pasillo a mi izquierda que llevaba a las suaves escaleras que bajaban con su moqueta de un rojo profundo.

Después de que la puerta se cerrara, Ida, una mujer amable, cariñosa y feliz, me llevó abajo dándome algo de charla y me dijo que jugara en el comedor. Había mucha gente extraña y muchas idas y venidas suaves arriba y abajo de las escaleras. En algún momento, avanzado el proceso, alguien bajó al sótano algo que después dejaron expuesto. Pronto me escabullí abajo, y me encontré enfrentado a la cruda biología: una pesada sábana de goma, manchada de carmesí, y una pesada substancia morada de envergadura en un cubo blanco. Sólo le eché un vistazo antes de que algún mayor atento me sacara de allí, pero ya siempre durante mi infancia la sábana de goma, cuidadosamente doblada sobre la repisa del armario, contuvo para mí los secretos de la procreación. Esa noche me invitaron a ver la cuna blanca en la que dormía mi hermana recién nacida, y mi madre acostada reluciente en la cama parental me abrazó y me ofreció algo de gelatina de su bandeja puerperal.

Desde el momento en el que se cerró la puerta, hasta que mi Madre habló del bebé durmiente y de su cena, no recuerdo un solo sonido. Esta extrañeza está enmarcada por el hecho de que, desde el momento en que nací hasta que entré en la Facultad de Medicina, no recuerdo haber visto nunca a una mujer con el abdomen hinchado. Aun así, sabía por el carmesí en la sábana de goma, que era de los abdómenes de donde se sacaba a los bebés. Yo era suficientemente curioso y observador, pero me confundían las respuestas que daban los mayores a una curiosa coincidencia: al mismo tiempo que mi madre se hinchaba con mi hermana, mi Tía Esther pasaba de plana a pechugona. Sólo se podían tener bebés mediante el amor y el matrimonio, pero mi tía estaba redondeándose sin ninguno de los dos, y esta paradoja nunca se aclaró en mi mente. Por esta razón había una temprana contradicción en mi visión de las cosas: yo sabía que los cuerpos femeninos resplandecían con un blanco crema y luminoso, pero nunca pude decidirme si la línea bermellón de la incisión del recién nacido estaba en el pecho o en el abdomen.

Una Calle Singular

La calle St. Famille, adonde la familia se mudó cuando yo tenía dos años, era singular en la ciudad por el cosmopolitismo de sus habitantes. En aquellos días la peculiar geografía de la ciudad giraba en torno a las preguntas aún irresolutas sobre la naturaleza de la Crucifixión. En muchos vecindarios lo que ocurría cuando un niño pequeño salía a la calle a jugar estaba determinado por la antigua documentación de la Ley Romana, de forma que el resultado de las oraciones de Cicerón y las guerras de Jugurta eran una influencia indirecta pero muy real en los círculos de la rayuela. «Es un nuevo delito, y uno del que nunca hemos oído hablar antes del día de hoy, Oh Cayo César, cuando Quinto acusa a Quinto de haber estado en África». Catilina invoca la destrucción y la devastación de los templos de los reyes inmortales, pero el cobarde senado le deja vivir; un error que no se ha repetido con frecuencia.

En los primeros años del siglo, el gran cinturón residencial de la clase media de Montreal que había bajo las montañas estaba dividido en tres partes. Hacia el oeste había un área protestante inglesa, hogar de financieros y morralla comercial menor, una nación de tenderos. Hacia el este se extendía el vasto reino del catolicismo francés, formando la segunda ciudad de habla francesa más grande del mundo, excedida sólo por el propio París, y habitada en gran medida por empleados de las empresas controladas por la sección inglesa. Cada uno de estos enclaves tenía su propia vida: sus propios rituales sociales, sus propios matrimonios, su propio sistema escolar y su propia universidad. Entre los dos, bordeado por Park Avenue al oeste y por la calle St. Denis al este, había un área intercesora que consistía en un gueto y una colina de transición.

Oh, Aflicción, Aflicción, la del niño judío del gueto que cruzara la calle St. Denis, ya que sería instantáneamente reconocido, rodeado y apedreado hasta que quedara cegado por su propia sangre y se tambaleara de regreso hacia su desesperada Madre para que le curara sus cortes y heridas, seguido de los gritos de «¡Asesino de Cristo!» y «¡Maldito Judío!». Este comportamiento quedaba reforzado por los groseros dibujos de judíos imaginarios cometiendo bajas vulgaridades, que aparecían en todos los puestos de periódicos del Lado Este bajo la cabecera de *Le Canard*, un periódico semanal que sólo suspendía sus insultos en tiempos de elecciones.

Los protestantes por su parte tenían un desprecio similar por los católicos, pero éste era más refrenado y gentil. En el tercer lado del triángulo, los protestantes y los judíos asistían a las mismas escuelas, y por tanto disfrutaban una coexistencia más tranquila entre sí, sólo condicionada por la prohibición que les impedía casarse unos con las hermanas de otros.

La calle St. Famille era una avenida corta en la colina de transición, bordeada de olmos y arces, sólo tres manzanas al Norte de la arteria este-oeste de la calle Sherbrooke. Las dos primeras manzanas eran planas, y la tercera se inclinaba suavemente hacia arriba al Hospital Hotel Dieu, que había sido construido coronando la colina en 1642. Por una rara coincidencia de selección socio-biológica, casi todas las familias fér-

41

tiles de la calle vivían en la manzana intermedia donde estaba el Hospital de Maternidad, mientras que en cada una de las manzanas superior e inferior sólo vivía un niño.

La calle era una de las pocas en la ciudad que daba cobijo a un número aproximadamente igual de las tres religiones, y donde los niños de las dos cruces y los de la estrella jugaban juntos en armonía sin mofas ni acritud, aunque plenamente conscientes de quién era «francés», quién era «inglés» y quién era «judío», según la jerga local. Sus padres, no obstante, mantenían una completa pero en este caso educada segregación. Los pocos católicos irlandeses, atrapados en medio, estaban separados más por lengua que por religión, y tendían a hacer grupo más con los protestantes y judíos que con los católicos franceses. Esta tendencia penetró en las generaciones más jóvenes lo suficiente como para que consideraran que «inglés» incluía a todo el que no fuera Cristiano Francés. Entre los propietarios de casa, Hormisdas Quevillon, capitán de navío jubilado, Campbell MacKenzie, ministro presbiteriano, y Gabriel Cohen, fabricante de ropa, quizá se saludaran con la cabeza e incluso a Bill Flaherty, el maquinista, pero los unos sólo sabían de los secretos de otros a través de sus hijos. En cualquier caso, en Canadá en aquella época no se charlaba sin una presentación formal, y ¿dónde iban a encontrarse todos ellos? Quevillon, un «católico blanco franco canadiense», iba a misa a Notre Dame por las mañanas; MacKenzie, un «protestante blanco anglosajón» iba a su albergue en la noche; y Cohen, un «judío blanco de Europa del Este» iba a la Sinagoga *Gates of Heaven* (Puertas del Cielo) al anochecer.

No sólo estaban divididos por las horas del día y por la religión, sino también por la sociología. Los franceses llevaban el gobierno y sólo ellos tenían la cultura indígena, y hasta tal punto habían tomado la clase trabajadora, que era sorprendente que una persona de Montreal que visitara Burlington o Rouse's Point se encontrara con trabajadores que hablaran inglés. Ya que los ingleses eran los gerentes y tenderos de Montreal, era igualmente sorprendente, desde el otro punto de vista, encontrarse en Crawford's Notch o Old Orchard a alguien de habla inglesa realizando algún trabajo no cualificado. Los ingleses, divididos entre los EEUU y la Madre Patria, sufrían una patética falta de vitalidad en todas las artes, en contraste con la audaz escultura, pintura y escritura de sus compatriotas franceses a los que dirigían. Los judíos establecidos (la mayoría inmigrantes de la década de 1880) eran tenderos y profesionales, mientras que los inmigrantes llegados en torno a 1900 trabajaban en talleres de trabajo esclavizantes, sólo un escalón por encima del nivel del *Triangle Shirtwaist*[17].

Los letreros en un lado de la calle decían Ste. Famille, y en el otro St. Famille, y esta última era toda la traducción que necesitaba la gente que allí vivía. Estos letreros eran tan familiares que sólo años más tarde, cuando dejé la ciudad, se me ocurrió con asombro que «Ste. Famille» significaba «Sagrada Familia», y que yo había pasado mi infancia en la Calle Sagrada Familia. Curiosamente, ni en París ni en Roma pude volver a encontrar nunca una calle con ese nombre.

Para cada niño, los padres de los otros niños eran figuras sombrías, hombres serios que no sonreían y nunca se paraban a hablar. Antes que nada eran «católicos blancos franceses», «protestantes blancos anglosajones», o «judíos blancos de Europa del Este»; se iban de casa por la mañana para hacer algo de adultos, a pie, en coche o en calesa; llevaban pulcros trajes oscuros como Mackenzie, o pulcros trajes de cuadros como Cohen, o trajes con cuadros más grandes y pantalones holgados como Quevillon. Todo esto estaba en orden; Flaherty era diferente porque como la mayoría de los católicos irlandeses llevaba un mono azul y una tartera con el almuerzo, y de todas formas no era un Padre sino un Tío. Frank Flaherty no tenía padre. Las Madres eran todas iguales. Llevaban delanta-

---

[17] NTE: La compañía *Triangle Shirtwaist* es conocida por un incendio en su taller de Nueva York en 1911 que acabó con la vida de 145 empleados debido a las pobres condiciones de trabajo; desde entonces se recuerda como paradigma del tipo de talleres a los que el autor hace referencia, en los que se mantenía a la mano de obra poco o nada cualificada en paupérrimas condiciones de seguridad y salud laboral.

les y tenían harina en las manos y nunca las veías excepto cuando salían a la puerta a llamar a sus niños: «¡AN-dré!» «¡DON-ald!» «¡BEN-nie!», y salvo cuando ibas a casa de otro niño y entonces también eran todas iguales: «No dejéis huellas de barro o de nieve por la cocina», «No arranquéis las flores», «¿Quieres una galleta o un trozo de pastel?», «Vamos, ya os podéis ir a trotar por ahí...».

La Caldera Afectuosa

La Casa Vieja fue construida con anchas piedras de dureza impenetrable, como descubrí en una ocasión en la que intenté esculpir en una de las losas en bruto con un cincel y un martillo. La planta baja era el sótano, y como la mayoría de las otras casas de la manzana, tenía una empinada escalera exterior que llevaba a la puerta principal en el primer piso. Encima estaba el segundo piso, con un pequeño balcón que daba a la calle. Ninguna casa estuvo nunca más sólidamente fortificada y arraigada en su alargada parcelita de suelo urbano. Era un lugar en el que nunca ocurría nada que no tuviera que ocurrir, excepto por el demoledor golpe último del herrumbroso puño del Destino que finalmente la desmoronó en pululante decadencia.

Las ventanas del sótano, guardadas por gruesas barras verticales, daban al césped de delante. La puerta del sótano estaba retranqueada en la cueva que formaba la escalera. Dentro de esta fortaleza había un lugar seguro donde yo jugaba, una vez que aprendí a no acercarme demasiado al fuego que brillaba grande, caliente y redondo dentro de la caldera. La caldera había sido más pequeña en tiempos, pero los fontaneros habían venido un otoño y con muchos jadeos y gruñidos habían construido una nueva a base de pesados anillos de hierro. El fontanero jefe era Mr. Gingsberg; era paciente y también era el padre de Violet Gingsberg, la niña a la que yo amaba en Jardín de Infancia, y para la que yo hacía abalorios de cuentas y barcos de vela en secreta y cohibida devoción.

El amor era completamente diferente de ir a la casa de Bijou Lafontaine donde las niñitas que vivían al otro lado de la calle solían congregarse e invitarme a fiestas urinarias de inspección y especulación. Bijou sabía por su hermano mayor donde estaba la diversión, e instruyó a un selecto grupo de contemporáneas. Pero ambos, el amor y el pipí, eran distintos de Ann Holt.

Temprano cada mañana de invierno, Mr. Holt, el padre de Ana, venía desde el Dispensario a la vuelta de la esquina, donde era conserje, y entraba en el sótano con una llave para agitar y atizar la caldera. Padre ocasionalmente me llevaba con él al Dispensario, donde los olores a limpio de las medicinas eran aún más fuertes que en la consulta de Padre, y en alguna de estas ocasiones Padre bajaba para hablar con Mr. Holt. Entonces Ann Holt y yo nos quedábamos de pie uno frente a otro mirándonos, sin hablarnos porque íbamos a Jardines de Infancia diferentes. Ann Holt tenía una bonita piel blanca y ojos azul celeste y su largo pelo oscuro estaba trenzado y atado con lazos rosas. Después de que Padre terminara de hablar con Mr. Holt me llevaba de la mano embelesado. Pero incluso eso no era amor, como con Violet, a la que podía hablar y tocar cuando jugábamos en la escuela; era una admiración estética enmudecida, el más puro y espiritual *agape*.[18] Así que la caldera, aparte de tener la afectuosa calidez de sus bajas llamas azules y suaves cenizas blancas y protuberantes ladrillos, también tenía la distinción de sus asistentes: el fontanero de la caldera y el calderero, humildes trabajadores con hijas de incomparable felicidad.

Un Mal Cuarto de Hora

El sótano era un sitio idóneo para los niños, bueno para trabajar y jugar y para la contemplación. Al fondo comenzaba con un conducto para el carbón, cerrado desde el jardín, no

---

[18] NEF: Del griego, amor espiritual.

por una, sino por dos rechonchas puertas de madera. Al principio del otoño el vagón del carbón venía y se paraba en el callejón. A mí me encantaba porque era el único día en que me estaba permitido subirme a la cubeta del carbón y mi trabajo era abrir las puertas. Después el pequeño carbonero, nervudo y silencioso, masticando tabaco inescrutablemente y con aroma a sudor y cerveza, cargaba los sacos de cien libras (algo más de 45 Kg.) por el garaje y a través del jardín y los vaciaba estrepitosamente por el conducto, mientras Madre quitaba malas hierbas y contaba, para asegurarse de que no nos engañaban: veinte sacos cada tonelada, firmadas y entregadas, pagadas en metálico en las callosas palmas de las manos, más algo extra por la polvareda que aguantaba. Tres meses más tarde el Ford estaría sobre ladrillos en el garaje, con las ruedas quitadas y la batería desconectada, y una película de hielo manchado en el suelo.

Uno de los grandes terrores de mi vida, quizá el único terror real, venía del carbonero. En invierno tiraban del carbón en grandes trineos rotulados *Bois et Charbon* («Mamá, ¿por qué no compramos el carbón de *Bois et Charbon*?»), y Frank Flaherty solía lanzarles bolas de nieve cuando los caballos pasaban trotando. Esto parecía un pasatiempo entretenido, así que un día yo también lancé una bola de nieve. Pero con mi habitual eficiencia, le di al conductor justo en la mejilla. Era un duro día de helada para un trabajador, y el carbonero inmediatamente detuvo a los caballos, bajó de un salto y vino corriendo detrás de mí. Al principio, paralizado como un joven bromista que inocentemente ha desencadenado una avalancha con un tirachinas y ve cómo la montaña se le precipita rugiendo, me quedé ahí clavado donde estaba. Entonces de repente, en una tremenda descarga de energía, la vida surgió de cada uno de mis músculos y corrí gritando calle abajo, mis cortas piernas impulsándome por la nieve mientras que con zancadas gigantescas el ogro enojado pronto me alcanzó. Un hombre amable nos vio aproximándonos rápidamente y extendió los brazos, arrastrando mi cuerpo palpitante hacia su pecho. A continuación siguió una breve discusión, y el carbonero enojado se dio la vuelta mascullando, mientras volvía a su trineo. Mi salvador me abrazó durante un momento, lo suficiente para que el trineo se alejara deslizándose.

—¿Dónde vives? —me preguntó el hombre.

—Justo (sollozos) calle arriba —contesté sin aliento, mientras mi corazón latía como un tambor africano.

El trineo ya no era visible, partí de nuevo a casa, corrí escaleras arriba, cerré de un portazo la puerta principal, me precipité escaleras arriba al descansillo superior y ahí me acosté abrazado a la familiar alfombra roja, mientras mis sollozos amainaban y mi ritmo cardíaco se ralentizaba. En ese momento Madre vino a consolarme y a regañarme suavemente por mi lloroso relato.

Yo no había logrado discernir el punto crucial que divide el juego malicioso de la incorregible delincuencia. Cuando Frank, más sabio, lanzaba sus bolas de nieve, siempre tenía cuidado de fallar por un margen suficientemente amplio como para que fuera indigno perseguirle, mientras que yo, algo característico en mí, apunté justo al blanco. Eso fue casi veinte años antes de que finalmente aprendiera hasta dónde podía llegar y dónde parar en este tipo de cuestiones. La lección me vino por Carl Damon, un granjero de Missouri con amplia experiencia dinamitando aseos y subiendo toros a las buhardillas de los granjeros que iban a misa los domingos por la mañana. Estas bromas de tal calibre estaban muy por encima de mis conocimientos, y cuando Carl hablaba de ellas, yo sólo podía responder con débiles chistes sobre aseos y toros. Carl me enseñó muchas cosas. Una vez los dos subimos a un reloj de torre con cuatro lados sobre el Instituto Yale de Relaciones Humanas, que dominaba una buena sección de New Haven. Rápidamente instalamos un botón en el circuito de luces de la torre del reloj, que inmediatamente empezó a parpadear encendido-apagado, encendido-apagado. Salté de alegría cuando oí las sirenas que venían.

—¡Agarra la escalera! —gritó Carl.

—¿Para qué? —pregunté.

—Para quitarlo. No querrás que lo encuentren ahí cuando lleguen, ¿no?

—¡Oh!

Eso fue una revelación. A mí nunca se me hubiera ocurrido quitar el botón antes de que llegara la policía. Ese fue el momento en el que me di cuenta por primera vez de que cualquiera puede empezar algo, pero el hombre sensato es el que sabe cómo y cuándo parar. Sólo entonces comprendí claramente lo del carbonero y la bola de nieve. Así pues, el paso de la insensatez a la sensatez, de la infancia a la madurez está marcado, no por debates y polisílabos, sino por el más simple de los monosílabos: «¡Oh!».

De Cerebros y Barcos y Bancarrota

Junto a la sala de la caldera había un cuarto soleado que se usaba como almacén hasta que Tío Mike volvió de la Guerra, y en este cuarto había un armario. En el armario, junto a instrumentos quirúrgicos obsoletos, un primitivo microscopio descartado y montones de *Literary Digests*, había dos elementos que me fascinaban durante mi infancia. La primera era un montón de enormes gráficos de anatomía impresos en colores brillantes en cartón grueso, y los que principalmente me interesaban se llamaban CEREBRO y CEREBELO, tal como descubrí más tarde después de que Madre me enseñara a leer las grandes y sofisticadas letras del *Saturday Evening Post*. Padre me dijo que eran partes del cerebro: grandes masas de trenzas grises entrelazadas con arterias rojas y venas azules. Había muchos otros órganos representados, pero por razones hace mucho enterradas en las cuevas de los tiempos ancestrales, yo les prestaba poca atención. Ponía una de mis favoritas contra la pared y contemplaba los aún intrincados misterios de los coloridos canales del cerebro humano; no intentaba resolverlos, simplemente los miraba; más adelante en la vida, en mis viajes, nunca pude comer los cerebros de animal que me ofrecían.

El otro elemento era la sábana de goma roja, la reliquia del nacimiento de mi hermana, que ahora yacía seca y estéril doblada en una estantería, pero que nunca había contenido el secreto de la propia vida. Era un secreto que mis padres intentaron esconderme, pero yo ya había sondeado al menos sus sanguinolentas manifestaciones exteriores, que mantuve suspendidas como una visión durante dos décadas, hasta que las mágicas puertas de la medicina fueron abiertas a mi mente y mis manos. Durante muchos años escondieron el libro de obstetricia. Al final de mi adolescencia, solía hojearlo ocasionalmente, pero siempre me distraían las imágenes de monstruos y el largo vello ondulado de la vulva, así que nunca comprendí del todo el secreto hasta el día en que asistí a mi primer parto, frente a toda la clase, sudando bajo la mascarilla, y con el profesor de pie junto a mí para asegurarse de que todo iba como era debido.

En tiempos había un gran saco de azúcar en el sótano, y montones de patatas con pequeños fantasmitas turgentes que brotaban carnosos, y algunos otros artículos con los que se suponía que debíamos mantenernos durante las carestías de la Gran Guerra. Un día los acopios se terminaron y Tío Mike volvió con su máscara de gas y con una corneta y charreteras alemanas de recuerdo, siendo veterano de las trincheras europeas a los dieciocho. Se mudó al cuarto de los gráficos, que tenía un aseo con un lavabo y era soleado porque estaba en la esquina de la casa en forma de L y daba al jardín de atrás. Después de algún tiempo el Tío Mike encontró un trabajo como taxista y después uno mejor y después se mudó a otro lado, pero nos seguía visitando y me llamaba «Huesos» porque yo era flaco, y se mofaba de mi hermana porque era una niña y a mí me gustaba eso porque todo el mundo se ponía de parte de ella cuando peleábamos, pero por otra parte no me gustaba porque no me parecía justo. Así que ése era el tipo de bromas del que yo no me reía y del que Hermana no se reía, pero sí nos reíamos de todas las demás bromas de Tío Mike porque era más gracioso que nadie que conociéramos. Era incluso más gracioso que el Dr. Bendel que solía venir a ver a

Padre y me llamaba Comandante General Leonard Wood.[19] Todo el mundo pensaba que eso era divertido, incluido yo, sólo que yo no sabía quién era el Comandante General Leonard Wood, aunque pensaba que no sería mala cosa, ya que los generales eran grandes hombres, como el General Joffre y el General Foch y el General Kitchener que evitaban que los alemanes les cortaran la cabeza a niñitas belgas y las clavaran en sus bayonetas como salía en los periódicos.

Tío Mike tenía labios de corneta, eso se veía, y aprendió a tocar el cuerno francés y era uno de los mejores en la ciudad. En la guerra no pararon de dispararle pero todo lo que tuvo fue un tobillo torcido en alguna batalla. Se pronunciaba Ypres[20] que no era exactamente francés, pero sonaba francés. Tío Mike era fuerte y duro, y bajo y gallito, y entendido en cameos y viejos instrumentos de viento y cantos judíos, pero tenía una deficiencia que a la postre fue fatal. Un día él y su esposa y su hijastro de ocho años alquilaron un viejo barco y remaron hasta la mitad del río San Lorenzo. Vino una tormenta y el barco volcó e hicieron falta tres semanas para encontrar todos los cuerpos. Esto fue porque en aquellos días la mayoría de los niños aprendía a pelear en lugar de a nadar si vivían cerca de la calle St. Denis. Abuelo se desplomó junto a la tumba cuando la tierra cayó golpeando el ataúd de su hijo menor, y tuvieron que llevarlo de vuelta al coche. El padre del hijastro vino a la ciudad para el funeral del *suyo*, pero casi no se conocían. Todo hombre debería enseñarle a su hijo a conquistar su río.

A lo largo de las ventanas frontales del sótano, el alféizar había sido expandido para formar un banco. En una esquina

---

[19] NEF: Leonard Wood, jefe del estado mayor del ejército de los Estados Unidos. Recibió por su carrera la *Medalla de Honor*, la más alta distinción militar de su país.

[20] NEF: Se refiere a la ciudad de Ypres, situada en la zona flamenca de Bélgica. Durante la Primera Guerra Mundial se mantuvo en la zona aliada, pero fue destruida por los bombardeos alemanes.

había botellas que contenían tenias, tumores, y bebés demasiado pequeños para nacer, todos conservados en formol y alcohol, objetos de miedo, mórbido o sano, y de fascinación para mí y para mis amigos.[21]

El resto del banco estaba libre para que mi hermana y yo jugáramos, y yo cortaba trozos de madera lo suficientemente grandes como para hacer un marco en el que sentarme e imitar el ruido de un motor.

Un día de verano puse una tiendita en este mostrador y me estafaron hasta la bancarrota en menos de diez minutos. En ese momento mi paga era de cinco centavos a la semana, y descubrí que con eso me daba para siete ciruelas en la tienda de alimentación de la esquina. Parecía dinero fácil: comprar siete por cinco centavos y venderlas por uno. Pinté «Ciruelas 1¢ cada una» en una vieja caja de zapatos, puse mi mercancía en el mostrador y abrí una de las ventanas, seguro al saber que estaba protegido del robo por los carcelarios barrotes de hierro. Mis primeros dos clientes fueron dos chicos algo más mayores, Bubbles y Larry, que se pavonearon por la ventana y me preguntaron qué hacía. Les mostré las ciruelas, expectante, admirándome de mi propia perspicacia, a lo que ellos se apartaron para conversar brevemente. Cuando acabaron dijeron que eran inspectores municipales y que la tasa de la licencia era una ciruela para cada uno, y que si no pagaba tendría que cerrar la tienda. Reflexioné; si no les pagaba, no podía seguir haciendo negocios, y si les pagaba no haría negocio

---

[21] EB: No obstante, las mejores muestras de Padre estaban en el Museo Médico de McGill. Un gran incendio destruyó todos los edificios de la Facultad de Medicina el 16 de abril de 1907, incluida la gran colección anatómica y patológica que había sido el orgullo de la Facultad. El Museo Anatómico pereció por completo; en el lado de la Patología, 2000 muestras se perdieron, pero 1000 fueron salvadas, incluido un corazón de tres cámaras de Edimburgo que databa de 1823, y la colección cardíaca Osler. En su restauración, el Museo Médico del Ejército de los Estados Unidos contribuyó con no menos de 1500 muestras. Padre donó tres fetos (n.3902 y n. 4150); y parásitos intestinales, incluida una *taenia mediocanellata* completa (n. 4148 y n. 4149).

alguno. Más aún, si no les pagaba me ningunearían en las charlas sobre béisbol que tenían lugar en el Gran Árbol Grueso. Así que les pagué. Una vez que no iba a tener beneficios, me comí el resto de mis existencias, bajé la ventana, y cerré mi negocio. Nunca fui capaz de pensar en un contraataque al fraude de los chicos, pero aprendí que no importa cuán sólidos sean los barrotes de hierro, no garantizan protección contra los taimados.

Eso era el sótano, desde las ventanas frontales con barrotes a la puerta de la cubeta de carbón. Era un buen sitio para jugar con Hermana, aunque ella era demasiado pequeña para jugar con mucho ahínco. En otoño, Tío Mike metía dentro el gran columpio doble del jardín, y yo invitaba a otros chicos a jugar ahí también. Cuando tenía diez años intenté comenzar un club de chicos, «Vamos a mi sótano y hacemos un club», pero se llamaba el club Agamenón y ninguno de los otros chicos sabía quién era Agamenón y les dio igual cuando se lo dije, así que el club pronto se desintegró y los chicos volvieron a hablar sobre béisbol debajo del Gran Árbol Grueso. De vez en cuando a lo largo de los años intenté crear otros clubes, pero tampoco duraron, hasta que descubrí el secreto, y ya pude crear muchos clubes.[22]

Calle Abajo

Detrás del sótano estaba el jardín donde Madre laboriosamente cavaba lechos de flores en la tierra arenosa y criaba algunos rábanos y cebollas que nos comíamos, sabrosos y deliciosos, todo de una vez en la misma comida. También era

---

[22] NEE: Según éste y otros comentarios en diferentes libros suyos, el estudio de las organizaciones fue un asunto por el que Berne sintió un gran interés. Entre los grupos que cita, cabría destacar el Seminario de Psiquiatría Social de San Francisco (posteriormente Seminario de Análisis Transaccional de San Francisco), que con el tiempo fue la organización seminal de la que surgió la ITAA (*International Transactional Analysis Association*).

allí donde Toto, la tortuga que nos regaló Tío Mike, se perdió un invierno y se murió congelada de forma que todo lo que encontramos la siguiente primavera fue la concha comida por las hormigas contra la valla de madera.

También había capuchinas, cuyas hojas fueron mi primea *materia medica*; no eran buenas para comerlas, pero pensé que su sabor agrio necesariamente significaría que eran buenas para uno aunque los otros chicos se reían y me miraban escépticos por mi extraña gastronomía. El jardín estaba bien vallado. Era un buen lugar para empezar a cavar hacia China.

Después estaba el garaje. En verano el suelo de cemento estaba lleno de manchas de aceite. En invierno una gruesa capa de hielo se formaba sobre charcos de agua, mientras que el gran Ford negro emasculado descendía su mirada majestuosamente desde sus invernales ladrillos, con los ejes desnudos sobrevolando la moteada pista de hielo. Desde la callejuela embarrada que dividía la manzana, con sus filas de cubos de basura y puertas inexpresivas y vallas, había una puertecita verde con picaporte metálico a través de la cual Padre solía entrar por la noche de forma que pudiera abrir las grandes puertas corredizas para meter el coche a dormir. Por la mañana volvía a poner el Ford fuera del garaje y lo conducía callejón abajo hacia la calle.

Dos jardines más abajo estaba la guardería, llena de niños a los que nunca se les permitía jugar en la calle, así que en lo que a mis compañeros de acera y a mí nos concernía, prácticamente no existían. Pero una mañana dos de ellos se hicieron bastante reales, aunque se mantuvieron anónimos e indistintos. Cuando pasó al lado con el Ford, Papá los observó rebuscando en los cubos de basura que estaban junto a la puerta de atrás, y comenzó a vituperar contra la sociedad. Yo escuché, pero no hice comentario alguno; sin duda Papá pensó que ni siquiera le había oído, pero recordé el incidente durante décadas. Los niños eran huesudos y sucios, y llevaban poca ropa. Incluso un niño cuyas finanzas no iban mucho más allá de una paga de cinco centavos a la semana podía ver claramente que estaban peor que los niños del gueto, cuyos padres tenían poco, pero les daban todo lo que tenían. Estos niños eran diferentes, ya que estaba claro que no les daban nada y tenían que rebuscar lo que conseguían. Yo sabía que por muy poderoso que fuera Papá en su propia esfera, probablemente no pudiera hacer nada por aquellos niños, ya que todos los niños en la calle sabían que era una guardería inglesa (es decir, protestante), y que no tolerarían ninguna interferencia o crítica por parte de un médico judío.

Gente de Calidad

Entrar en la casa desde el jardín por el sótano estaba prohibido excepto en momentos especiales de juego. La forma normal era subir por las escaleras de atrás y cruzar el porche de atrás hasta la cocina. Este porche fue donde hice mi primer experimento empírico a la edad de seis años. En días fríos calentábamos la sala de estar con un alto cilindro de lata llamado Quebec Heater (Calentador Quebec), que quemaba aceite de carbón con una llama azul claro a través de una mecha cilíndrica hueca. En días más cálidos el calentador se guardaba en el porche. Siempre me había preguntado si la llama era el secreto de la mecha o si había algún misterio en el propio calentador que la mantenía viva. Así que un día saqué la mecha de la cubierta y la extendí en el suelo. Sólo me hizo falta una cerilla para descubrir que tenía vida propia. Llamé a Padre a gritos, alto y claro, y éste vino corriendo a apagar el fuego a base de golpes con el cubo de basura.

—¿Por qué has hecho eso? —me preguntó Padre.

—Quería ver si la mecha ardía sola —respondí aterrado.

Padre vio que yo estaba asustado y se dio cuenta de que la quemadura en el hule era suficiente lección. Así es como aprendí que nunca hay que jugar con cerillas y que nunca hay que hacer experimentos sin prepararse de antemano para posibles sorpresas. Hay que soldar siempre sobre moldes de tarta de latón, llevar siempre un flotador de emergencia cuando uno va más allá de su nivel de profundidad, no conducir nunca de noche sin una linterna, no dar ni tomar nunca medicinas innecesarias, llevar siempre tu propia mosquitera cuando vas a los trópicos, nunca permanecer de espaldas a las olas, en el campo llevar siempre zapatos contra los anquilostomas,[23] llevar siempre limpio el parabrisas, no poner nunca un calentador en una habitación pequeña, leer siempre la letra pequeña y nunca entrar directamente al interior.

Después estaba la cocina, con el fogón de madera y el de gas y tinas para lavar y la mesa de repostería y la nueva máquina de hacer carne picada, de la que salían suaves gusanitos de carne. Había una gran silla de anea y muchos armarios. Madre nos vestía allí en las mañanas frías y no nos gustaba la ropa de lana, pero nos la teníamos que poner y ella recitaba un poema que no ayudaba mucho, pero al que no sabíamos qué contestar: «Para cada mal bajo el sol, o bien hay remedio o bien no; si hay remedio, ve y búscalo; y si no lo hay, pues ignóralo».[24]

Me sentaba en su regazo en la gran silla mientras que ella me ponía los calcetines que me picaban. Un día estábamos sentados ahí y Padre me vino con una aguja para vacunarme y Madre no lo impidió así que me sentí solo y los ojos se me llenaron un poco de lágrimas. La despensa era grande y oscura y llena de olores a comida que no me gustaban; yo prefería el cloroformo.

El comedor tenía un aparador de roble lleno de cubiertos y ropa del hogar, y salsa Worcestershire, tónico de hierro y otras botellas de la hora de la comida que llenaban los armarios, de forma que no te podías esconder ahí cuando jugabas al escondite. La pantalla de la lámpara, de cristal plomado, colgaba amarillenta de su cadena justo sobre el centro de la mesa. Ésta era un círculo de roble con cuatro patas de garras,

---

[23] NEF: Parásito intestinal habitual en climas tropicales y subtropicales.

[24] NTE: Pequeña rima que aparece en *Los cuentos de Mamá Oca*, de Perrault, muy conocida y popular en el mundo anglosajón: *«For every evil under the sun, There is a remedy or there is none. If there is one, try and find it; If there be none, never mind it»*.

y se le podían añadir tableros para convertirla en un óvalo cuando las visitas venían a cenar, que no era casi nunca, excepto por las tías y tíos. De camino hacia la sala de estar, se encontraba el Caballero Sonriente, y te pusieras donde te pusieras, siempre te seguía con la mirada. La sala de estar era donde nos sentábamos y comíamos castañas por la noche y jugábamos al ajedrez con Padre mientras que Madre tejía calcetines para los soldados que se habían ido, especialmente Tío Mike. Madre dejaba de tejer para acostar a Hermana, y yo recordaba que el Príncipe de Gales también tejía[25]. ¿Hubiera sido mejor haber nacido Príncipe de Gales? Padre y Madre hubieran estado aún más orgullosos de mí.

Después había un vestíbulo, y de ahí se iba a la consulta y a la sala de espera. Madre siempre decía que iba a poner un salón en la sala de espera, aunque nunca lo hizo. Pero estaba lleno de Dickens y Shakespeare y Lamb y un día también hubo un libro llamado *Jurgen*. Por supuesto eso sin mencionar a Hamsun[26] y Heine y Balzac y Jokai[27] y Bacon y Montaigne y Swift. Estaba el bueno de *Don Quijote* y las *Veinte mil leguas* con imágenes de pulpos, que Madre había ganado como premio de Francés en la escuela. *Golden Treasury*[28] y la *Natural History of Selbourne* de White; pero ¿por qué quería Padre el *Libro de los mártires* de Fox con una imagen de Tankerville quemándose el pie? Bueno, estaba Darwin y Maeterlinck y Shaw, y todos los demás, y para mí, *Chatterbox*[29] y Andrew Lang[30] y *Los héroes* de Kingsley.[31]

---

[25] NTE: Aquí hay un gracioso malentendido de la infancia, difícil de traducir: No se trata de que el Príncipe de Gales también tejiera, sino de que hay un diseño de tela llamada Príncipe de Gales, que en inglés es *Prince of Wales knitting pattern*, muy usada en trajes de hombre.

[26] NEF: Kurt Hamsun, autor noruego premiado con el Nobel en 1920.

[27] NEF: Mór Jókai es el novelista más popular de las letras húngaras.

[28] NEF: Francis Turner Palgrave: antología de poesía inglesa

[29] NEF: *Chatterbox* era una colección de libros ilustrados para niños de finales del siglo XIX.

Era, como descubrí más tarde, la típica biblioteca de todos los médicos de familia, y más tarde, siempre que entraba en casas de médicos en las que brillaban todos esos títulos, incluso cuando yo ya era un especialista establecido, me sobrecogía de admiración por aquellos maravillosos médicos que podían tratar casi todas las enfermedades de gentes de todas las edades, en cualquier momento del día o de la noche, y asistir partos y sajar forúnculos entre mastoides y menorragias.

En la Oficina del Jefe

Recuerdo pocos de los rostros individuales de los pacientes: llevaban vidas apagadas y llenas de penurias, muchos sólo hablaban un inglés entrecortado, algunos nada en absoluto; pero a todos había que respetarlos: mujeres rechonchas vestidas de negro con mechones de cabello cano y húmedo cruzándoles la frente arrugada; mujeres delgadas con las mejillas demacradas y vestidos de estar en casa de flores desvaídas; hombres bajitos, nervudos y alerta, con trajes de cuadros grises; y hombres altos de gesto adusto con el pelo cuidadosamente partido y repeinado para la visita a la consulta. Ocasionalmente había alguien con una muleta, y muchos perdían el resuello subiendo los dieciocho escalones hasta la puerta principal. Aunque Padre trataba a muchos niños, pocos venían a la casa. Quizá prefería visitarles en sus casas, para comprobar la higiene que, en aquellos lejanos días de huérfanos y padres enfermos, era la mejor arma contra toda clase de gérmenes. O quizá quería protegernos a mi hermana y a mí de los gérmenes inmigrantes. Si ese era su objetivo, dio sus frutos, ya que en aquellos días de tímpanos perforados, mem-

---

30 NEF: Andrew Lang, hombre de letras escocés, poeta y novelista, conocido principalmente por sus trabajos sobre el folklore, la mitología y la religión.
31 NEF: *Los héroes, cuentos de hadas griegos* (1856), de Charles Kingsley, escritor británico.

branas diftéricas profusas y neumonía incontrolable, mantenerse sano era la vía más segura.

Observaba a los pacientes de mi Padre por la mañana temprano, mientras que Padre se preparaba para trabajar. Eso era antes de que Hermana pudiera caminar, o incluso antes de que ella naciera; de hecho, los pacientes son casi mis primeros recuerdos. Yo tenía una vieja cesta de mimbre, marrón oscuro, en cuya tapadera ponía *patatas* en letras negras. Dentro estaban mis tesoros: coches de bomberos, bloques, soldados de estaño, grúas y quizá un libro de dibujos. Estaba tan llena que casi no podía arrastrarla por la moqueta del vestíbulo hasta la sala de espera. Allí mostraba orgullosamente mis posesiones una detrás de otra, y el paciente murmuraba tímidamente palabras de reconocimiento. Cuando se oía a Padre en la consulta tras la puerta de vidrio esmerilado, era hora de recogerlo todo, ya que una vez que llegaba Padre, mi sitio estaba arriba o en otra parte de la casa.

No se me permitía tocar nada en la consulta, pero Padre me dejaba que le visitara cuando los pacientes se habían ido. Había una maravillosa silla ajustable de hierro que se incorporaba o se reclinaba y daba vueltas y vueltas, pero no se me ocurría para qué podían servir los brillantes estribos que colgaban de cada lado. Se podía mirar a través de las puertas de cristal de los armarios y ver el brillante instrumental, y el gran microscopio en su caja barnizada de madera. Aquello a lo que más me acerqué y que mejor conocía eran los papeles de Padre: bonitas recetas en blanco sobre papel azul celeste, certificados de nacimiento y de defunción, llenos de tinta negra.

Había enormes conjuntos de libros en la consulta: *La medicina moderna* de Osler en siete gruesos tomos carmesí; *Las enfermedades de los niños* de Pfaundler y Schlossmann, de un verde intenso; y *Dermochromes* en una magnífica imitación de piel negra. El único que tenía buenas imágenes en color que merecieran la pena era *Dermochromes*, y yo miraba los rosas dermatológicos de la lepra y el lupus. Pero lo que más me gustaba era la *dermatitis herpetiformis* porque era la palabra más

58

larga del libro de dibujos y la memoricé con cuidado a la edad de siete años y desde entonces la he conservado en mi memoria para siempre.

Recuerdo especialmente el libro negro en el que escribía mi padre y que llevaba consigo cuando hacía los avisos a domicilio. Por fuera estaba grabado el nombre de Padre en letras doradas. En la solapa interior había una tabla obstétrica. La página de créditos rezaba:

Registro de llamadas y avisos perfecto para el médico.
31 pacientes por página.
Trigésimo cuarta edición.
Publicado por EG Swift, 743-747 calle Atwater Este, Detroit, Michigan.

Dentro estaban los nombres y las direcciones de los pacientes, con la fecha y las cantidades que habían pagado. En 1915 los avisos a domicilio estaban a 2$, ocasionalmente a 1$ ó 3$. Los partos con el cuidado prenatal y perinatal eran 10$, que no siempre se cobraban. Los ingresos totales no eran más de unos cientos de dólares al mes, y aun así con eso nos las arreglábamos para vivir cómodamente.

Las muchachas internas ganaban 30$ al mes, que ahorraban para sus dotes. Tan pronto como una se casaba, su hermana menor se iba de la granja en St. Alphonse para reemplazarla. Después de Marie, Helene y Louise, las Dubonnets se acabaron y empezamos con una nueva familia de St. Gabriel de Brandon. A veces en medio había chicas irlandesas, pero era difícil llevarse bien con ellas. Una de ellas me llevó aparte después de su primera semana de trabajo y me preguntó:

—¿Dónde está la imagen?

—¿Qué imagen?

—La imagen de Jesús a la que escupís todas las noches.

Tales pensamientos salvajes me eran extraños, y yo me quedaba ahí perplejo.

Aunque no teníamos tanto dinero como otros amigos de mis padres que tenían negocios u otras profesiones, no cabía la envidia. La idea de que hubiera alguna otra cosa que uno pudiera querer que hiciera su padre distinta de ser médico, o que hubiera otro tipo de padre en nuestras vidas excepto él, nunca se nos cruzó por la cabeza.

Sybil Bishop

Pasados el vestíbulo, la consulta y la sala de espera estaba el porche delantero. Sobre éste había un bonito paragüero metálico y un perchero de madera. Las puertas delanteras eran de estilo francés. Estaban hechas de castaño grueso, grabadas con bajorrelieves dentro y fuera con querubines, frutas y ramos de flores. Las mitades superiores eran ventanas con pesados cuadrados de vidrio de esquinas biseladas. Uno de los lados no se abría nunca, excepto para pasar mobiliario pesado. El otro lado tenía una parte de metal sólido; si ponías la lengua en el pomo exterior en invierno se congelaba ahí y nunca podrías quitarla. Las anchas escaleras frontales las pintaban de gris todas las primaveras. Llevaban hasta la mitad de la acera y después giraban a la izquierda en ángulo recto, lo cual estaba pensado para que los pacientes pudieran subirlas más fácilmente. A la izquierda de las escaleras estaba el jardincito delantero. Algunos jardines delanteros tenían rosas y tulipanes en primavera, pero el nuestro estaba salvaje y amarillo: diente de león, ranúnculos y de vez en cuando, alguna margarita.

Todo esto ayuda a visualizar y comprender lo de Sybil Bishop. En invierno quitaban la nieve de las escaleras al jardincito, y cuando el montón era lo suficientemente grande se podía saltar desde lo alto aterrizando junto a la puerta delantera y ponerte hasta la cintura de nieve. Esto se podía hacer desde las escaleras de todos, casi, pero el ángulo en la escalera del nº 73 hacía más fácil el dar la vuelta y subir de nuevo para volver a saltar, así que nuestra escalera era la mejor y más divertida de todas. También era la menos peligrosa; algunos de los tulipanes y rosas de la gente tenían vallitas con puntas de hierro alrededor de sus jardincitos. Así que todos los niños venían a nuestra casa a saltar, incluida Sybil Bishop, de la siguiente manzana, la niña de siete años más guapa en dos millas a la redonda. Sybil Bishop solía subir corriendo el ángulo de las escaleras riendo, cubierta de nieve. Pero un día no apareció y alguien me dijo que se había muerto.

La muerte de un niño significaba un pequeño coche fúnebre blanco con caballos blancos, y todos los niños se quedaban mirando con curiosidad mientras que los adultos se quitaban el sombrero cuando pasaba, y por las heladas ventanas de los lados se podía ver el féretro blanco lleno de flores. Dijeron que era Sybil Bishop, y Sybil Bishop se había ido y debía ser Sybil Bishop porque había un pequeño crespón blanco en la puerta principal de la familia Bishop y su hermana estaba allí en la escalera así que no podía haber sido ella. Qué mala suerte que los ingleses no tuvieran a Padre de médico, porque ella no se hubiera muerto. Pero no servía de nada enojarse con los ingleses y con cómo hacían las cosas. Así que ese fue el fin de Sybil Bishop cuyos padres no evitaron su muerte.

No estaba bien que los niños se murieran, pero con las personas mayores era diferente; tenía que pasar. Cuando se murió el viejo Mr. Jones era verano. La puerta principal de su casa la dejaron abierta y el féretro estaba en el cuarto de estar de la planta baja. Frank Flaherty me dijo lo que había que hacer para que pudiéramos verlo. Te ponías una gorra y cuando entrabas te quitabas la gorra y te arrodillabas y bajabas la cabeza y decías una oración, y después podías mirar. Frank ya había mirado varias veces. Así que fuimos a casa a por nuestras gorras e hicimos lo que dijo Frank y cuando me arrodillé junté las manos y bajé la cabeza como hizo Frank, e hice como que rezaba mientras pensaba en lo vacía que se sentía la habitación, y después pudimos mirar. Mr. Jones estaba bien muerto, y estaba vestido con un traje negro con los cuellos subidos, no con una camisa abierta como solía llevar cuando iba calle abajo con su bastón. Así que echamos un buen vistazo y después nos fuimos a patinar. Al día siguiente fue el funeral y vino un gran coche fúnebre con cuatro caballos negros. Frank y yo nos abrimos camino hasta la primera fila donde podíamos observar mejor la acción. Todo el mundo estaba serio y los parientes estaban llorando, y durante varios días después la puerta principal estuvo decorada con un crespón negro para recordar a todos lo que había pasado.

La siguiente vez que vi el funeral de un niño fue unos veinte años después en Alepo. La madre y el padre llevaban una delgada cajita de madera por la calle polvorienta, normalmente llena de camellos y burros, al cementerio, seguidos de un pequeño grupo de parientes, y pusieron el féretro en una tumba poco profunda sin derramar una sola lágrima.

El Vestíbulo de Arriba

En el segundo piso de la sólida casa de piedra del nº 73 de la calle St. Famille estaba el cuarto de la asistenta con su balconcito que se proyectaba sobre la calle. Nadie entraba nunca en este cuarto excepto las propias muchachas. Ésta era una privacidad que a nosotros los niños nos enseñaban a respetar desde nuestra más tierna infancia, de forma que todo lo que sabíamos de la vida personal de nuestras muchachas era que se arrodillaban cuando rezaban. Las celebraciones públicas eran las únicas ocasiones en las que era válido violar esta privacidad. Cuando fue el desfile de *Victory Bond*, Padre ondeó la bandera de Reino Unido desde el balcón y todos nos reunimos en el balcón para ver lo que pudiéramos de las fiestas.

Un día sonaron todos los silbatos y todo el mundo salió al balcón y Padre colgó la bandera y la calle St. Famille se llenó de gente bailando y cantando y vitoreando. Me dijeron que la guerra había terminado. Había tanta excitación que me puse malo del estómago y vomité mientras Madre me sujetaba por el abdomen con una mano y con la otra por la barbilla. Al final resultó que la guerra no había acabado después de todo, todo había sido una terrible falsa alarma.

Junto al cuarto de la muchacha estaba el gran dormitorio principal con su conjunto de caoba: armario, buró, cabecero y silla, y más tarde, como regalo de cumpleaños de Madre, el conjunto de tocador de plata que adornaba el buró, en el que cada pieza representaba un borde de flores entrelazadas en relieve con sus iniciales talladas en el centro. A veces Padre y Madre dormían juntos y a veces no, dependiendo de la agenda de Padre. Una mañana de febrero aprendí a deletrear nuestro nombre. Había caído una gran nevada fresca, silenciando los sonidos de los cascos y las campanas. Acostado acogedoramente en mi cama blanca, los oí hablando en el sol crujiente que se hacía camino a través de las dobles ventanas para iluminar la mañana con la calidez de arriba. Vestido con mi pijama, corrí a saludarles mientras ellos estaban acostados contentos en sus almohadas de plumas. Yo rebosaba buena voluntad y ellos estaban confortablemente orgullosos de mi sonrisa. Como regalo a la tranquilidad familiar me acosté arriba de las escaleras y miré abajo al ancho dintel sobre la puerta principal en la que estaba pintado el nombre de Padre en escritura caligráfica, más llamativo que la discreta placa metálica de fuera en la fachada. Descifré la escritura inversa del dintel letra a letra, y corrí de nuevo al dormitorio a escribir nuestro nombre por primera vez.

El cuarto de baño con su lavabo de mármol estaba dominado por una gran bañera con pies de grifo. Nos lavábamos el pelo con jabón *Packard's Tar*,[32] cerrando bien los ojos contra el picor, dos cuerpecitos limpios en la bañera humeante con el pelo mojado cayéndonos por la frente y las mejillas. Nos poníamos en la alfombrita del baño y nos arrullábamos bajo una gran toalla de baño caliente que nos extendían como una tienda de campaña. Después nos peinaban con un peine fino, ¡ay!. Padre se afeitaba por las mañanas con los tirantes colgando mientras afilaba y afilaba con su auto-afilador, y después la espesa espuma y el sonido crujiente del bigote que desaparecía bajo la implacable cuchilla.

---

[32] NEF: Jabón con base de alquitrán y virtudes antisépticas.

El Sanatorio del Hágalo-Usted-Mismo

Al otro lado del baño estaba el dormitorio de atrás, donde pasé de la cuna a la cama. Al principio cuando yo protestaba por tener que acostarme cuando aún era de día en las noches de verano, Madre me leía del *Jardín de versos para niños*, y de ahí vino el amor que compartíamos por Robert Louis Stevenson, que con emoción y sin respiro consumí un mediodía tropical al subir al Monte Vaea en la Isla de Samoa. Madre también me traía lemas y poemas enmarcados para colgar en la pared:

> Los niños cantan en Japón,
> Los niños cantan en España.
> El órgano del organista
> Canta bajo la lluvia.

Y desde luego que cada semana más o menos el organista venía con su sombrero de fieltro verde y su zanfona colgando del palo, y tocaba *O Sole Mío* bajo nuestras ventanas delanteras. Más tarde, Hermana se vino conmigo y ahí estábamos durmiendo cuando llegó el final.

Todas las mañanas mientras aún estaba en la cama, Padre tosía. Después se levantaba y desayunaba y bajaba a la caldera y quemaba su taza de esputos. En verano lo quemaba en la cocina de leña después de terminar el desayuno. Entonces se iba a trabajar. El esputo era verde y amarillo y a veces tenía hilitos rojos. Padre sabía lo que hacer porque tenía muchos pacientes con esputos. Si eras rico podías ir a un Sanatorio. Padre fue a Saranac[33] unas semanas, pero no pudo quedarse más tiempo porque no éramos ricos. También fue a St. Agathe, pero tampoco pudo quedarse mucho tiempo allí. Como otros trabajadores, tenía que quedarse en casa y ganar dinero para su familia.

---

[33] NEF: El pueblo de Saranac se convirtió en el corazón de los Adirondacks, una inusual formación geológica al norte del estado de N. York.

Leía mucho de un libro azul llamado *La batalla con la tuberculosis*.[34] Tenía imágenes de los gérmenes de la tuberculosis. También tenía otras imágenes llamadas «Halloween en el Sanatorio», con damas y caballeros disfrazados. Las damas eran guapas y reían.

Así que él estudiaba la tuberculosis y finalmente se dirigió a la *Montreal Medico-Chirurgical Society* (Sociedad Médico Quirúrgica de Montreal) el 1 de junio de 1917 para hablar sobre el tema de «El tratamiento doméstico de la tuberculosis». Su intervención fue publicada en el *Canadian Medical Association Journal* (Revista de la Asociación Médica Canadiense) en enero del año siguiente.[35] En el mismo, analizaba el número de casos de la enfermedad en Montreal (en 1915 más de mil personas murieron de tuberculosis sólo en Montreal) y la falta de cuidado institucional disponible para la mayoría de ellos. Continúa describiendo sus propios métodos de tratamiento doméstico y muestra que los requisitos para tratar la enfermedad —descanso, comida, aire fresco y ejercicio— se obtienen igual de fácilmente en casa bajo la supervisión adecuada, que en el campo.

Padre pronto comenzó a tener febrículas, y sus radiografías mostraban siniestras opacidades en sus pulmones. Para descansar dejó de hacer avisos nocturnos, se retiraba a dormir pronto, se levantaba tarde, y dormía siesta. En cuanto a la comida, venía a casa regularmente a almorzar y hacía un buen desayuno y cena. En cuanto al aire fresco, en verano dormía en el porche-dormitorio que tenía muchas ventanas, y con la puerta del dormitorio de atrás medio abierta durante las frías tormentas de invierno. En cuanto al ejercicio, es verdad que

---

[34] EB: D.M. King (Denver): *La batalla con la tuberculosis y cómo ganarla: Un libro para el paciente y sus amigos.* J.B. Lippincott Company, Philadelphia, 1917.
[35] EB: Periódico de la Asociación Médica Canadiense, VIII: 38-48, enero de 1918. Para mayor detalle sobre este artículo y el simposio de 1915 que se menciona más abajo, véase el apéndice.

sólo tenía nuestras escaleras y las de los pacientes, así como sus quehaceres; consideraba que el arranque con manivela del Ford era mucho esfuerzo, y por eso ideó un robusto ejemplo de primitivo auto arranque. Quizá la peor parte fuera el tener que refrenarse de besar a aquellos que le eran cercanos, y gracias a este sacrificio ninguno de ellos enfermó nunca de su infección.

Padre Defiende la Maternidad

Padre nunca cedió en su batalla contra las barritas y esferas que se reproducían en la leche y en el polvo de aquellos tiempos, ni contra la leche y el polvo que servían para alimentar la invisible pestilencia. Y así, no sólo arremetió contra todo el reino de organismos patógenos, sino también contra la sociedad que los albergaba, ya que él creía, como Virchow, que la medicina era una ciencia en la misma medida social que natural.[36] Mientras que Hércules sólo tenía que limpiar los establos de Augías, que apenas tenía 3.000 bueyes, la profesión médica en Montreal se enfrentaba a la limpieza de decenas de miles de establos que se extendían por millones de acres poblados por vacas insalubres que enviaban sus tóxicos mensajes con cada tren de leche que iba por las vías de ferrocarril del Grand Trunk, Canadian Pacific, New York Central, Delaware y Hudson, y de Central Vermont.[37] Los problemas del tratamiento y la prevención de la tuberculosis, con énfasis en los métodos de modificación de la leche doméstica para hacerla segura, fueron afrontados en el simposio de la *Medico-*

---

[36] EB: R. Virchow, *loc. cit.*

[37] NEF: Compañías ferroviarias radiales por todo Canadá y Estados Unidos. *Grand Trunk* de Montreal a Toronto; *Canadian Pacific* enlaza las costas atlánticas y del pacífico con el corazón de la América del Norte; *New York Central*: noreste de Estados Unidos con el sudeste de Canadá; *Delaware and Hudson*, en el nordeste de Estados Unidos, de Vancouver a Montreal, también atendía a grandes ciudades estadounidenses como Mineápolis, Chicago y Nueva York; *Central Vermont*: de Quebec a los estados de Nueva Inglaterra como Vermont, Massachusetts o Connecticut.

Chirurgical Society (Sociedad Médico Quirúrgica) en mayo de 1915. Pero era una ardua batalla tanto desde el punto de vista político como desde el médico. Sabían lo que había que hacer, pero no había ningún medio efectivo para hacerlo. Los granjeros y los distribuidores alimentarios eran reacios a invertir dinero en higiene, y los políticos se mostraban reluctantes a tocar el tema por miedo a perder los votos de miles de lecheros. Añadido a esto, los médicos protestantes preferían no ejercer presión social o legislativa en una provincia de mayoría católica. No obstante, Padre se atrevió a intervenir a pesar de su juventud, de falta de puesto en un hospital y de no ser protestante, instando a los médicos a que recordaran que

> La madre media probablemente tenga otros hijos de los que cuidar [aparte del que esté enfermo], sus numerosas tareas cotidianas y poco tiempo para dedicar a la preparación de la comida de un hijo en particular; por tanto buscará algo fácil y no se la puede culpar por no ser capaz de seguir complicados métodos de preparación de la comida de un niño. El médico abnegado debería considerar el contexto del caso en cuestión...

La perspectiva social se convertiría en el tema central de su último y más visionario artículo publicado en enero de 1921.[38]

De la Caligrafía a la Tragedia

Mientras Padre estaba ocupado con el ejercicio de la medicina y sus artículos, Madre, por su parte, se tomó algún tiempo libre de tartas y horneado de galletas para escribir. Al permitirle dedicar menos tiempo a los pacientes, y obligarle a visitar Sanarac, Ste. Agathe y otros sanatorios para la TB, la enfermedad de Padre empezó a afectar a sus finanzas. Ya habían tomado prestados 359$ de su seguro. Así que en 1920

---

[38] EB: Véase el Apéndice para un informe más detallado de los esfuerzos del Dr. Bernstein en esta área.

encontramos a Madre como editora de las secciones de Mujeres, Niños, Moda y Ama de casa del *Chronicle*, un pequeño periódico semanal del cual su vieja amiga y compañera de la escuela, Ida Wiegler era Editora Jefe. Fueron sus esfuerzos literarios previos los que le habían proporcionado este puesto. Como ya hemos dicho, en Quinto Curso ella era la primera de la clase en Latín y la segunda en Redacción Literaria. Su estilo estaba reforzado por su íntimo conocimiento de los *Ensayos* de Macaulay, «El Agujero Negro de Calcuta» y «La Destitución de Warren Hastings», ensayos que también debieron impresionar profundamente a Padre, ya que adquirió sus fuertes convicciones sobre el aire viciado del relato de Macaulay sobre los acontecimientos en el Fuerte William[39] en 1756. Madre era además gran admiradora de otros estilistas, incluida George Eliot, a la que leyó voluntariamente, después de graduarse y de haber tenido que sudar tinta con *Silas Marner* en el aula.[40]

Su primera producción literaria, escrita cuando tenía 19 años, se llamaba «Emma Lazarus, su Vida y Obra». En ella escribió,

La pregunta «¿Qué es un genio?» se plantea a menudo, y no se responde fácilmente en pocas palabras. Podemos, no obstante, estar tolerablemente seguros de que la facultad creadora, el poder de abrir nuevos caminos, de decir o hacer cosas originales de un modo original, es una prueba indefectible del alto instinto de la genialidad.

---

[39] NEF: La masacre de Fuerte William en 1757 es uno de los eventos más conocidos de la historia norteamericana. James Fenimore Cooper lo narró en *El último mohicano*, una obra que se convirtió en clásica, en la que cuenta de forma novelada la caída del Fuerte, defendido heroicamente por los británicos ante el salvajismo de los franceses aliados con los indios. Los ingleses fueron hacinados en celdas tan pequeñas que muchos murieron asfixiados.

[40] NEF: *Silas Marner, el pastor de Rave*, es la tercera novela de George Eliot, publicada en 1861.

La recuerdo sentada de vez en cuando con pilas de libros de referencia para escribir un artículo para algún club femenino. Aceptaba estos encargos con el propósito de elevar los estándares de la comunidad, que había sido un objetivo de Madre desde los días en los que se convirtió en Superintendente de la Escuela Dominical. No había audiencias frías, ya que las mujeres eran todas amigas suyas. Estaban deseando escucharla porque ella moralizaba, no como un misionero, sino como una líder, y lo que decía daba cuerpo a las propias aspiraciones y más secretos anhelos de ellas.

Así pues, esto es lo que dice del duelo de George Eliot por Lewes:

> George Eliot no pudo encontrar consuelo en su sufrimiento y en su angustia, pues creía, como espero que hagamos todas, que el trabajo era el único antídoto para el dolor... Sentimos que sus personajes, los Bedes, Mrs. Poyser y Hetty Sorrel, Maggie Tulliver y Daniel Deronda, todos estaban ideados para enseñar algo mediante su imagen real de este agotado mundo tal como es. Al principio leemos *Adam Bede* por su patética historia de la vida humana, más adelante en la vida es probable que lo leamos muchas veces por mor del mensaje que contiene y por el sermón que predica.

La gentileza de su moralidad se manifiesta aún más claramente en su manuscrito «Heine», en el que su talento para la tragedia también comienza a ponerse de manifiesto. La anécdota más reveladora que cita es la conversación de Heine con Hegel, en la que el poeta pregunta:

> ¿Entonces no hay un lugar dichoso en las alturas, donde la virtud se recompensa tras la muerte? A lo que Hegel lanza una mirada furibunda y responde burlonamente: «¿Así que quieres un bono porque has mantenido a tu Madre enferma y te has refrenado de envenenar a tu hermano?»

Más conmovedora es su descripción de la muerte de Heine.

En la noche del dieciséis de febrero, él mismo sabía que el final estaba cerca. Le preguntaron si estaba en paz con Dios. «No os preocupéis», respondió el poeta, con una débil sonrisa. «*Dieu me perdonnera; c'est son metier*». Éstas fueron las últimas palabras pronunciadas por Heinrich Heine, en la tarde el 20 de febrero de 1856...

Pronto habría tragedia en la propia vida de Madre, y sin duda en esa ocasión se acordó de las palabras que había escrito unos años antes; y sabiendo ya su secuela el 20 de febrero sesenta y cinco años antes, debe haber pasado cuatro días estremeciéndose ante el inminente horror de la amenazadora coincidencia.

Una Mala Semana en Europa Central

En el ejemplar del 29 de octubre de 1920 del semanario *The Chronicle*, cuando Madre se convirtió en columnista por primera vez, la encontramos en la Sección Femenina haciendo recomendaciones de lecturas para niños:

El niño que de nacimiento es amante de los libros o que adquiere pronto el hábito de la lectura, tiene pronto la puerta abierta a los bellos jardines y bosques encantados. El hábito de la lectura, según se ha dicho a veces, es el único que, aun pareciendo un mal hábito por adquirirse tan fácilmente, no conlleva remordimientos ni efectos perniciosos... Hay bibliotecas enteras sobre naturaleza y ciencia para el niño que tenga estas inclinaciones prácticas, mientras que para el niño imaginativo hay innumerables libros. Los viejos cuentos de hadas y leyendas están hoy tan en boga como al principio de los Tiempos... Hans Andersen y los Hermanos Grimm son más fieles a su imaginación y mucho más interesantes que los libros de geografía... Están los Antiguos mitos griegos y las Leyendas de dioses y diosas como los *Cuentos de Tanglewood* o *El Libro de las maravi-*

llas,[41] cuentos en los que Hawthorne ha entrado por medio de su imaginativa empatía en la pureza mística de la niñez, y las historias infantiles de *La Ilíada* y *La Odisea*.

Bajo el seudónimo de «Tía Sarah» dirigía la página del Ama de Casa. Así comienza un artículo titulado «Cocinar para los Enfermos»:

> En esta estación del año canadiense, cuando el frío noviembre con su puntual tren de toses y resfríos y una gripe aún más seria se cierne sobre nosotros, no está de más señalar... algunas de las más elementales reglas y recetas de cocina para los enfermos... es mucho mejor servir pequeñas cantidades con frecuencia, más que mucho de una vez. Una cucharada de alimento dada cada media hora puede ser retenida y digerida, y hacer bien al paciente, mientras que si se da una cantidad mayor, el estómago la rechazaría. La puntualidad se debe mantener cuidadosamente...

Estas muestras sirven para ilustrar su aproximación a sus nuevas tareas. También es de alguna importancia considerar el contexto histórico de la época. El *Chronicle* estaba principalmente dedicado a cosas de interés para los judíos canadienses, incluidas noticias de sus hermanos en otras partes del mundo. A finales de octubre de 1920 hubo una mala semana en Europa Central. A Walter Ratheneau, que vino a Inglaterra para participar en la conferencia de la Liga Contra la Hambruna, le denegaron la admisión al país. Los judíos polacos estaban huyendo a Japón, porque, entre otras cosas, estaban reclutando a las jóvenes para el ejército polaco sin consentimiento de sus padres, y las chicas judías eran un objetivo favorito para estas levas. Los judíos extranjeros estaban siendo expulsados del Territorio de Plebiscito de la Alta Silesia. El gobierno Húnga-

---

41 NEF: *Cuentos de Tanglewood* (1853) de Nathaniel Hawthorne, se publicó tras el éxito obtenido por *El libro de las maravillas*. Estos cuentos escritos para niños muestran algunos de los mitos más conocidos de la Grecia clásica.

ro ordenó a 15.000 judíos que abandonaran el país inmediatamente, pero no les ofrecía a dónde ir. En la Universidad de
Budapest daban palizas a los alumnos judíos.

Pero los más violentos ataques eran los organizados por
Semeon Petlura, la cabeza del Movimiento Separatista Ucraniano, que estaba intentando convertirse en héroe nacional
promoviendo masacres de judíos. Ese mes había trabajado en
tres ciudades. «En Probuszni todas las tiendas han sido sa-
queadas y Michael Ringle, Herman Kahn y Chaim Neufeld
fueron asesinados». Como resultado, gran cantidad de ucra-
nianos huyeron a Constanza en Rumanía, en un intento de
encontrar un barco a América. Volviendo la vista atrás, por
supuesto, aquellos que fueron desarraigados sin peligro por
todos estos acontecimientos fueron más afortunados que
aquellos hermanos que consiguieron quedarse.

En 1927, Madre se convirtió en Editora Jefe del *Chronicle*.
Así que comenzó su carrera periodística en un mal momento
histórico.

En la Calle

Mr. Knight, nuestro vecino de al lado, tenía un gran Pier-
ce Arrow rojo que se conducía por la derecha, con un capó de
latón y cobre y dos palancas en los escalones laterales, el
freno y la de cambios, que sobresalían como las palancas de la
marcha atrás en las máquinas de vapor.[42] Éste y el Ford de
Padre y la calesa de Mr. Kramer eran todo el transporte que
había en verano. La mitad de la calle estaba cubierta de estiér-
col de caballo y de vez en cuando el gran carro del agua aparecía circulando pesadamente calle abajo más imponente que
Buck Mulligan,[43] para limpiarla. En el tiempo que transcurría

---

[42] EB: También un par de linternas Rushmore como faros delanteros y
lámparas de aceite Solar como luces de emergencia, una a cada lado del
parabrisas.
[43] NEF: Personaje del *Ulises* de James Joyce, que aparece en la primera
frase descendiendo una escalera majestuosamente.

entre estas ocasiones, un hombrecito con una rígida escoba de mango largo hacía lo que podía, barriendo, barriendo e inclinándose y comenzando, barriendo, barriendo e inclinándose de nuevo. En las tardes de pleno verano las aceras de alquitrán se ablandaban bajo el calor del sol, y el hombre del organillo pasaba, sudando y mirando atentamente a todas partes y manteniendo los oídos alerta al sonido de la gente en las ventanas lanzándoles las pequeñas monedas de cinco céntimos y de cobre del día.

Pero tanto si se las lanzaban para mostrar su agradecimiento por el metálico sonido de su organillo, o contra él para espantarlo, su respuesta era siempre la misma: continuaba maniobrando el viejo puercoespín con la mano izquierda mientras que con la derecha levantaba su sombrero negro, y hacía una reverencia de cortesía, mientras que su esposa, con sus delicados zapatos negros abotonados asomando por debajo de sus siete enaguas, arrojaba miradas de líquida gratitud teñidas de brandy a sus benefactores desde debajo de su foulard tirreno. Después de reunir las brillantes monedas que relucían como lentejuelas en la acera, rodaban calle abajo con sus arias y sus rumbas y se desvanecían gradualmente. De vez en cuando un hombre orquesta aparecía por la calle, pedaleando sus tambores y címbalos mientras trasteaba y soplaba. Muy de vez en cuando llegaba un vagón rojo y dorado a la esquina de la calle Milton, y hombres y chicas disfrazados de Lionel Strongfort y Pavlova alzaban un enorme anillo de lienzo alrededor de toda la intersección y representaban un circo callejero dentro, dejándose caer de pirámides en cascada u haciendo que sus perritos blancos representaran sus trucos caninos. También trabajaban la silenciosa calle traficantes de frutas, comerciantes de cachivaches, afiladores gitanos y hojalateros, cada uno de ellos anunciando su mercancía con su propia cancioncilla, mientras que los cascos de sus caballos sonaban sobre el pavimento. Lo más divertido era verles subir un piano por la ventana de un segundo piso con poleas y sudorosos gruñidos.

Pero ningún camión de policía o de bomberos impactó nunca la tranquilidad de la calle St. Famille. El único uniforme que veíamos era el de Pat el Cartero, el más colorido de todos, con sus remates rojos y sus botones metálicos; era amigo de todos los niños de la calle, y todos saludábamos su heráldico progreso de buzón en buzón con traviesas alharacas.

Los chicos mayores solían estar por la esquina de la calle Milton y hablaban de béisbol mientras que los más pequeños jugábamos al pillapilla y al escondite alrededor del Gran Árbol Grueso. A veces, por las tardes, se reunían para jugar a policías y ladrones, y los pequeños se desollaban las rodillas, e iban llorando detrás de los mayores intentando mantener el ritmo. De repente uno de los chicos salía de su escondite y corría a donde era «casa» en el crepúsculo incipiente, empujando a cualquiera que se interpusiera en su camino, y muchas fueron las noches que acabé con las rodillas y los codos llenos de yodo pestoso. Si los mayores estaban por el Gran Árbol Grueso no había pillapilla ni escondite porque los pequeños querían escuchar, y yo preguntaba en qué equipo estaba Babe Ruth,[44] y Bubbles y Larry se reían seca y despectivamente y decían *«Ge heim schlafen»*, («Vete a casa y acuéstate») que era lo que todos los mayores, judíos o ingleses, decían a los pequeños que hacían preguntas tontas. Si el pequeño era francés preguntaban: *«Comment s'appelle?»* («¿Cómo se llama?»).

En otoño yo llevaba un abriguito azul con el cuello de terciopelo negro y llevaba un cuaderno y un lápiz. Me quedaba delante de casa mirando lo que ocurriera, y cuando pasaba una niña, quizá de la mano de su madre, yo sacaba el cuaderno y hacía como que escribía algo serio e importante. Si la niña me miraba de reojo, yo sabía que la estaba impresionando, y eso me hacía sentir bien aunque puede que no volviera a verla nunca. Más tarde, cuando tuve un juego de construcción

---

[44] NEF: George Herman Ruth, jugador de béisbol que formó parte de las grandes ligas entre 1914 y 1935.

Erector, construía puentes enormes, de hasta seis pies de largo (1,83 m.), y les ponía ruedas para llevarlos rodando calle arriba y abajo y enseñárselos a los chicos que tenían Mecanos. Los de los Mecanos defendían que los ingenieros de verdad construían sus modelos con Mecano y que los Erector eran sólo una imitación, pero yo podía construir puentes más grandes que nadie, y nadie intentó nunca ni siquiera competir conmigo.

El principal problema de la calle era Frank Flaherty. Era el único niño que quería pelear; por lo demás todos nos llevábamos pacíficamente bien, excepto por algún pequeño insulto, pero nadie llamaba a nadie cobarde excepto Frank. A mí me llamó eso, pero sólo cuando ninguno de los chicos más mayores estaba por allí, porque ellos no permitían las peleas. Frank no era muy duro, pero era en cierta medida un forastero porque era el único Católico Irlandés en la manzana y su padre no estaba y su madre iba a trabajar todos los días. Él era el único que no tenía una madre a la que poder ir corriendo cuando lloraba. De vez en cuando me insultaba para sentirse mejor o me hacía recular en alguna cosa. Yo no quería pelear porque a mi madre le preocupaba que me hicieran daño o incluso me hacía sentir que yo no era muy fuerte. Yo no le veía sentido a acabar sangrando por la nariz y algunos de los otros niños me apoyaban cuando Frank me retaba, diciéndome «Con palos y piedras se rompen los huesos, pero los insultos nunca han hecho daño a nadie». Alguna vez Frank me empujaba, y yo me quejaba a Madre y a Padre. Padre se mostraba poco comprensivo y me decía «Sal ahí afuera y devuélvesela. Cuando yo era niño y me veían venir, nadie intentaba pegarme después de la primera vez». Pero yo nunca lo hice y durante la mayor parte de mi infancia Frank me pudo desafiar. Pero un día Frank me empujó, y aunque no me gustaba la idea de que me golpearán en la cara, no tenía miedo de pelear, así que en lugar de hacer lo que tenía que hacer, hice lo que pude. Salté encima de él, lo derribé, le puse las rodillas sobre el pecho, y le exigí que lo dejara, cosa que hizo. Nunca volvió a molestarme.

Todo esto tenía lugar en primavera o verano. En invierno era diferente. Entonces casi los únicos sonidos en las calles eran los de las campanas y el crujido de los cascos y los gritos de felicidad de los niños. Después de una gran tormenta, las acumulaciones de nieve a menudo llegaban a los seis pies de altura y los niños realmente disfrutaban: con Rey del Castillo, con las peleas de bolas de nieve y construyendo enormes iglús. Una vez que la nieve asentaba, había hockey en la calle: los niños pequeños con sus patines de entrenamiento de dos filas, los grandes con cuchilla, y los chicos ricos con esos estupendos patines de tubo; eso implicaba el afilado choque de los palos y la satisfacción de dar un buen golpe al disco y ver cómo despegaba lentamente, cosa que con frecuencia yo me paraba a admirar en medio del juego, a medida que arqueaba sobre el hielo, en lugar de lanzarme detrás para colarla pasando al portero.

De la Gente que Venía a la Puerta

Los pacientes venían tres veces al día. Los repartidores llamaban a la puerta. El hombre de la lavandería me dejaba sentarme junto a él cuando hacía las rondas, y el caballo se hacía caca durante todo el camino cuesta arriba. Él me daba los paquetes de la lavandería para entregarlos y me enviaba a recoger los fardos de ropa para lavar de forma que yo podía llamar al timbre de casas extrañas como hacía Padre. Pero cuando Madre se enteró dijo que yo no debía cargar la ropa sucia de la gente, y todo se acabó. Nunca tuve la oportunidad de ir con el *New York System Dry Cleaners* (Sistema de Lavandería en Seco de Nueva York), cuyos pequeños vagones tenían sofisticados techos tallados.

También estaban las hermanas de Madre: Tía Esther, que solía llevarme en mi carrito cuando yo era un bebé, me ayudaba a tambalearme después y jugaba conmigo a la pelota cuando tuve edad de salir al jardín; Tía Eve, que venía y nos visitaba después de la escuela y jugaba a las casitas conmigo y con mi hermana; y Tía Julie que era un año más pequeña que yo. Una noche cuando yo tenía cinco años la criada y yo contestamos al teléfono y nos dijeron que le dijéramos a Madre que su madre había muerto, y la telefoneamos adonde ella y Padre habían ido de visita. Para mí significaba poco más que Abuela ya nunca volvería a alcanzar la cesta que había junto a su oscuro lecho de enferma para ofrecerme una manzana dulce. Pero para Tía Julie significaba que no había más madre, ni siquiera una madre enferma, a la edad de cuatro años. De alguna manera, a pesar de esto, Julie se convirtió en una niñita muy brillante y graciosa, de forma que en unos años, los tres, Hermana, Julie y yo, nos caíamos de risa con nuestras bromas cuando jugábamos juntos. Julie tenía la habilidad de tomar palabras largas y extrañas como *procrastinar* e inventar canciones ingeniosas con ellas que eran especialmente hilarantes sólo porque nadie sabía o quería saber lo que esas palabras significaban.

Las tres hermanas vivían con su padre y una desagradable ama de llaves cerca del Hospital General de Montreal. Era un mal sitio para vivir, aunque era como estar en el campo justo en medio de la ciudad, con un gran terreno al otro lado de la calle en el que las ovejas pastaban dentro de una valla. Esther mantenía su vida social en nuestra casa; podía usar el teléfono no más de cinco minutos cada noche, y nosotros tomábamos uno o dos mensajes para ella, mientras que no interfiriera con las llamadas de la consulta o interrumpiera a Padre durante las horas de consulta. Venía para vestirse cuando tenía una cita, con la ayuda de Mamá, y su galán podía venir a recogerla ahí, aunque no siempre era invitado a pasar y esperar dentro. Esto le daba margen para ocasionales maniobras, como la vez en que un chico vino a por ella en un Bearcat[45] y por alguna razón ella lo mandó a paseo y él bajó las escaleras refunfuñando «Hija de puta», cosa que yo oí por casualidad pero que no

---

[45] NEF: El *Stutz Bearcat* era un automóvil deportivo americano muy conocido antes y después de la Primera Guerra Mundial.

comprendí aunque sabía que era algo malo. Me hice el tímido con Tía Esther hasta que me persuadió para que le dijera lo que él había dicho, y entonces ella sonrió una de esas sonrisas secretas de las damas, y no dijo nada, y yo había visto a otras damas sonreír así, aunque no madres, que sólo sonreían a sus hijos o amigos y que se reían con frecuencia, pero cuyas miradas secretas estaban reservadas sólo para sus propios ojos y sus propias frentes.

Si Madre estaba hablando con el frutero sobre sus verduras o con el hojalatero sobre sus cacerolas, yo me quedaba junto a ella y miraba y escuchaba para ver lo que el hombre hacía después y cuál era la reacción de Madre. Entre la gente más interesante que llamó a la puerta principal estaban las monjas que venían a pedir dinero para cuidar a los pobres. Iban vestidas casi por completo de negro de pies a cabeza, desde la capucha a las botas. Si eran Hermanitas de los Pobres, venían en un carruaje en miniatura tirado por caballos, con cortinas en las ventanas, hechos como un cuadrado, parecían una caja pintada de negro. Hablaban francés y me maravillaba oír a Madre chismorreando con ellas sin esfuerzo en esa otra lengua, riéndose e intercambiando comentarios amables mientras les daba lo que podía.

Esto me ha recordado que había tanto católicos buenos como católicos malos, aquellos que nos insultaban y nos lanzaban piedras, y desde entonces también monjas que eran como objetos de extraña belleza que se daban a exóticas devociones y lentos paseos cuando no estaban ocupadas en el gentil cuidado de los demás. Así, siempre asocié pacífico crepúsculo con el medido silencio de las monjas sobre el césped verde desfilando en parejas ante la Casa Madre de Notre Dame. Treinta años más tarde, la caridad de Madre me fue devuelta indirectamente cuando yo, asumiendo la filantropía de la Iglesia hacia los extraños en las más recónditas esquinas del mundo, acepté gustoso su beneficencia mientras viajaba por la costa Sur de China.

Un visitante al que nunca olvidé, aunque no recuerdo ni su nombre ni su aspecto, vino una tarde cuando Padre estaba en la cama con fiebre. Las criadas tenían su vida social fuera de la casa, excepto por algún domingo por la tarde ocasional en que Alma, la mayor de las hermanas Dubonnet de St. Alphonse, venía a recoger a la hermana que fuera criada en aquel momento. La propia Alma trabajaba en la casa de un médico francés en el lado Este, y yo estaba contento y orgulloso de que mi padre fuera médico también, y de poder darle a Marie, Helene o Louise un estatus social igual que el de su hermana mayor. Es como si yo tuviera la esperanza de que Padre pudiera compensar el ser judío siendo médico.

Esa tarde en particular, Helene Dubonnet estaba esperando a que viniera un pariente lejano para ir a hacer un recado importante; tan importante que a Helene le dieron permiso para recibir al invitado en nuestra casa durante las horas de trabajo. Yo fui partícipe de su excitación contenida y esperé con la misma ansiedad que ella a que sonara el timbre de la puerta. Cuando sonó, yo fui corriendo a la puerta y la abrí. Ahí estaba la visita de Helene. Para traer a Helene a la puerta tan pronto como fuera posible, grité «¡Fuego, fuego!» Mi padre arriba, al oír el grito, saltó de su lecho de enfermo gritando a su vez «¿Dónde?». De pronto tuve miedo y le expliqué que estaba de broma, pero me dio una bofetada de pánico y enfado y me dijo: «Nunca vuelvas a hacer eso». Esa fue la única vez que mi padre me golpeó enojado. No obstante me castigaron formalmente en dos ocasiones.

La primera fue en el Jardín de Infancia. Durante el desayuno le hablé muy mal a Marie Dubonnet, que se quedó horrorizada. Padre ya se había ido a hacer sus rondas, y no había tiempo para que Madre me castigara, ya que Hazel, la otra chica más mayor que me llevaba a la escuela, ya estaba esperando. Cuando volví de la escuela, me dijeron que me sentara en el comedor y esperara a que Padre volviera. Resulta que éste era uno de los días en que el Dr. Bendel venía a casa con Padre, y me saludó tan jovialmente como de costumbre:

«¿Cómo está el Comandante General Leonard Wood?».[46] Pero cuando Madre le dijo a Padre lo que yo había hecho, el Dr. Bendel se sentó junto a mí en silencio mientras Padre fue arriba a por el cuero de afilar la navaja. El cuero no era uno normal, sino una tira muy fina de cuero que se usaba para afilar cuchillas de un solo lado. No pesaba más que una cartulina, pero era un arma formidable en las manos de Padre. Así que me dio con la correa en el trasero desnudo hasta que lloré. Dos veces más volví a contestarle a la criada, en ambas ocasiones con consecuencias igualmente humillantes.

La segunda vez que formalmente me dieron unos azotes fue cuando arrojé una de mis botas de goma por la ventana del comedor, exasperado porque no era capaz de ponérmelas sobre los gruesos calcetines de invierno. De nuevo hubo un juicio militar sumario, y esta vez uno efectivo, ya que de ahí en adelante ya siempre me abstuve de romper ventanas. Pero, ¿por qué muchos años después cuando uno de mis hijos rompió una ventana, y unos meses más tarde otra más, me refrené injustamente de castigarlo en ambas ecuaciones? (¿Y por qué, al escribir esto, me salió como «ecuaciones» lo que pretendía ser «ambas ocasiones»? ¿No es cierto que toda cuestión en relación con el comportamiento humano ya contiene la respuesta en sí misma?).

De Visita Lejos de Casa

Las fiestas eran con pastel y helado y gallina ciega y ponle la cola al burro, y las chicas más mayores en fila haciendo un túnel para jugar y cantar *London Bridge is Falling Down*, y cortarle la cabeza a alguien. Uno siempre esperaba que se la cortaran a él para llamar la atención. A veces no te cortaban la cabeza en ningún momento y a veces te la cortaban dos veces y eso era parte de la diversión, el no saber nunca qué iba a pa-

---

[46] NEF: Leonard Wood (1860-1927): Médico y militar norteamericano que recibió la más alta distinción militar de los Estados Unidos, la «Medalla de Honor».

sar. Era como las sillas musicales. No hacía falta ganar porque Madre te iba a querer igual, pero estaba bien ganar porque eso significaba que eras especial. A veces el juego parecía amañado, y entonces daba igual quién ganara porque en cualquier caso no era justo. Eso ocurría cuando las mayores que dirigían el juego intentaban favorecer a alguien, quizá alguien feúcho o desgarbado, cosa que estaba bien, pero no resultaba muy divertida.

Las visitas eran diferentes. Cuando Madre nos llevaba a visitar a Mrs. Rabby, Hermana se quedaba abajo con ellos y yo subía con Helga y Edwin, y podíamos mirar por la ventana de su dormitorio y ver que tenían un jardín de verdad, con todo tipo de flores. Las flores se veían muy bonitas si brillaba el sol y también se veían bonitas, aunque de una forma diferente cuando llovía. Con lluvia era más suave y se podía ver cada hoja además de las flores. Helga, Edwin y yo hacíamos un espectáculo. Nos vestíamos con ropa de personas mayores y usábamos la gran cama de latón como escenario, inventándonos el diálogo sobre la marcha. Yo hablaba casi siempre porque me inventaba las cosas más rápido.

Con los hijos de los Alexis era diferente, porque allí jugábamos abajo, en la habitación en la que estaba todo el jaleo, en lugar de arriba en el dormitorio, y había una asistenta para vigilarnos. Los Alexis tenían un pony y un carro de mimbre y a veces los domingos iban por la calle Sherbrooke hasta Westmount a por mí, y eso era muy divertido. En algunas cosas los Alexis no eran tan divertidos como los Rabbys. Los Alexis eran ricos y tenían todo tipo de cosas impresionantes, mientras que el padre de los Rabbys era médico y Helba y Edwin sabían divertirse con lo que hubiera a mano.

A pesar de las diferencias externas, todos estos niños tenían una buena vida. Ronald Rabby, el hermano menor se convirtió en psiquiatra infantil. Bernard Alexis fue líder de escuadrón en la RCAF (*Royal Canadian Air Force*, o Reales Fuerzas Aéreas Canadienses) en la Segunda Guerra Mundial y ganó una medalla, y más tarde se convirtió en consejero del gobierno canadiense. Everett Critchely cuando creció dio clases de Medicina en McGill.

La Escuela

Rutland School era un edificio largo y chato de ladrillo marrón metido en una fila de casas con una Entrada para las Niñas en un extremo y una Entrada para los Niños en el otro. No había patio ni parque de juegos, y los recreos tenían lugar en un lúgubre sótano más apto para el cultivo del champiñón que para solaz de jóvenes escolares. Los niños trotaban entre las columnas de ladrillo, mientras que Joe, el bedel, huraño con sus bigotes de morsa, circulaba para asegurarse de que no hubiera travesuras. Arriba, no obstante, las clases estaban tan limpias y luminosas como el cuello y los puños de la camisa de Mr. Neelson, el director.

Madre me trajo a ver a Miss Monk, la subdirectora, y ésta me pidió que deletreara «gato» y dijo riendo: «Lo primero que todos aprenden a deletrear es gato, ¿no?». La propia Miss Monk parecía un gato. Después me llevaron a una clase y Madre le dijo a la maestra que se asegurara de que yo podía ir a hacer pipí si lo necesitaba. Enseguida puse a prueba a la maestra, y me dejó que fuera, por lo que después de eso ya no me volví a molestar. Un día había tormenta y Madre vino y me recogió para que estuviera seguro o para que ella lo estuviera, y eso me dio algo más que vergüenza.

Para segundo grado yo ya era delegado y marchaba el primero de la fila cuando íbamos y volvíamos del recreo. Pero cuando la maestra nos dio los rangos de la clase, me clasificó el 14, y Madre me dijo, con gentileza pero reprochándome: «¿Por qué te han clasificado el 14?», pero yo no tenía ni idea. Probablemente la maestra pensó que sería bueno para mi carácter. Después de eso, no obstante, casi siempre estuve el 1º hasta el instituto, cuando de pronto me vi enfrentándome a Andy Lupin.

Todos los años, el primer día de escuela, me pasaba la tarde leyendo la nueva Cartilla y a lo largo de la siguiente semana, me leía la mitad del libro de aritmética. Mis calificaciones de la primera mitad del quinto curso, en abril de 1920, muestran sólo 39 sobre 40 en aritmética y 49 sobre 50 en lectura, y sólo se me escaparon dos palabras en ortografía. No cabe duda de que también me había entretenido con alguna diablura, ya que también perdí ocho puntos en conducta ese mes.

En aquella época no había Asociación de Padres de Alumnos, y todo se hacía según las normas. Las más importantes estaban impresas en el reverso de las calificaciones, extraídas de las «Regulaciones del Comisionado de la Junta Escolar Protestante»:

Se admiten a hijos de padres protestantes y judíos, sensatos, con plenas capacidades, adecuadamente vacunados y sin infecciones. La continuidad del alumno en la escuela queda condicionada a que esté adecuadamente pertrechado con los libros de texto prescritos, a la atención a los estudios, puntualidad, respetuosa obediencia a los maestros, a las buenas relaciones con los compañeros, a la higiene personal, a la ausencia de infecciones, a la evitación de daños a las instalaciones y mobiliario escolar y a la abstinencia de inmoralidad de palabra u obra. Los niños que padezcan virulentas infecciones, o que vivan en hogares o vecindarios en los que prevalezcan las enfermedades infecciosas, deben, por imperativo legal, quedarse en casa con sus padres; y siempre que se informe al Director dentro de los cinco días escolares siguientes, se les guardará su lugar en la escuela.

Por algún motivo los otros chicos de la clase me dejaban llevar la voz cantante sin rencor. Quizá fuera por Padre, a quien ellos conocían de las perforaciones de oído y la tos ferina y las palabras amables de sus padres. Todos sabían cómo era el mundo, más fuerte que los niños, agravado por la pobreza y la inmigración. Padre había salvado a algunos de sus padres y madres de las fiebres o heridas, y había asistido el parto de muchos de ellos y de sus hermanas y hermanos, salvándolos de la tumba y la muerte. Representaba una de las pocas cosas buenas de unas vidas preocupadas por los impuestos y los caseros, y los jefes y los recaudadores. Por mi parte, yo era más bien reservado que superior; nunca interferí en las peleas, nunca me puse a favor de los maestros, ni fui acusica. Es cierto que siempre me esforcé por hacer bien todo lo que me asignaban, pero de alguna forma los demás me lo perdonaban.

Quizá tenue y quedamente, yo ya sospechaba que algún día sería médico también. Por eso cuando me sentaba en el Ford mientras Padre hacía sus rondas, no me bajaba y jugaba con los otros niños; yo sabía que sólo estaría entrometiéndome, y que jugarían alrededor de mi presencia en la calle igual que lo hacían en la escuela. Me hubieran tratado igual si yo hubiera sido el hijo de un rabino o de un ministro. No les importaba que yo fuera especial mientras me mantuviera distante. Pero si yo intentaba unirme a sus alborotos, me trataban como si yo no fuera en realidad travieso, y ya que yo ni siquiera sabía en qué equipo estaba Babe Ruth, no podía pelearme con ellos, y me contentaba con charlar y reír con quien quisiera charlar y reír. Cuando yo encabezaba la fila escaleras arriba y abajo, marchaban ordenadamente y sin malicia ni rebelión. Una vez un niño dijo: «Seguro que eres un huele pedos, quiero decir, un buen chico»,[47] pero nadie se rió. En cualquier caso yo estaba sano, disfrutaba de la escuela, era el líder y de vez en cuando alguna chica me pasaba una nota.

El Campo

Cuando tomaba una curva podías sacar la cabeza por la ventana y se te metía en el ojo ceniza de la chimenea de la gran locomotora negra. Los largos vagones de madera estaban pintados del rojo brillante de un furgón de carga, y tenían letras doradas encima de las ventanas. Otras personas también sacaban la cabeza y de vez en cuando veías los ricitos de oro de alguna niñita y eso era divertido porque entonces sa-

---

[47] NTE: En inglés es un juego de palabras fonético: «*fart smeller-smart feller*».

bías que estaba disfrutando del buen olor de las flores y los aserraderos, hasta que su madre le hacía meter la cabeza para que no se le llenara de humo su vestido rosa. Después llegabas a un túnel y te sentabas abruptamente, y el bramido y la lluvia de cenizas lo cubrían todo y Padre tenía que soplarlas para quitarlas de su sombrero de paja tan pronto como irrumpíamos de nuevo en el sol silencioso, y Madre sacudía los asientos de mimbre para limpiarlos y Hermana miraba maravillada a las ovejas y las vacas comiendo hierba al pie de la montaña.

Cuando salías del tren había un birlocho[48] esperando y te daban sopa de guisantes para cenar y hacía mucho frío en las montañas, y Madre te acostaba en un catre de hierro después de que te hubieras lavado la cara con agua fría de la jarra de siderita que había en el lavabo de madera. Era raro no oír caballos ni coches, sólo el murmullo de los granjeros hablando abajo y las ranas croando en la niebla. Por la mañana cuando nos levantábamos, una maravillosa sorpresa nos esperaba. Uno iba andando por el camino y la cara y las manos se te mojaban y cuando te fijabas, cada flor y cada hoja tenían una gota de agua encima, brillando al sol de la mañana. Había millones de estas mágicas gotas que se llamaban rocío y las ponían ahí las hadas mientras dormíamos. Después de desayunar el tiempo era más cálido y las gotas desaparecían, dejando flores y hojas normales como las de casa, excepto por el delicado contorno de telas de araña que alcanzaban los espacios entre las plantas, y el único ruido era el zumbido de los saltamontes. Era una maravilla impresionante y llena de belleza, y todas las mañanas era lo mismo y amabas a las hadas del rocío que hacían posible que tanto los niños como los mayores pudieran disfrutar.

Después Padre se iba a casa y sólo estabas tú y Madre y Hermana excepto que él venía los fines de semana, y después

---

[48] NEF: Carruaje ligero y sin cubierta, de cuatro ruedas y cuatro asientos, abierto por los costados y sin portezuelas.

un día todo se terminaba y volvían a embalar los baúles y te ponías en la plataforma y lejos, lejos el tren silbaba en un cruce *Uiii, Uiii, UiiiUiii,* y después veías el humo oscuro y el ruido se hacía más fuerte y el tren llegaba a la estación y soltaba vapor y resoplaba mientras esperaba a que te subieras de prisa y ya te ibas por los aserraderos y los puentes hasta que llegabas a la *Mile End Station* y de pronto ahí estaba el extraño sonido de los caballos y los tranvías y los cláxones y los autos que parecían muy grandes y muy amarillos en el crepúsculo y ya estabas de vuelta en la ciudad y después en casa y te hundías en el remolino de sonidos y te dormías como si nunca hubiera ocurrido nada de esto y empezabas de nuevo, y ya no había más rocío ni más saltamontes ni más ranas y sólo el golpeteo de cascos y pitidos[49] de las calles y el olor del alquitrán derritiéndose en la acera en lugar del de los aserraderos.

Lo mismo ocurría todos los años. Un día determinado, mientras Madre iba y venía, preguntándose si llegarían algún día, aparecía la *Canadian Transfer* (Canadiense de Mudanzas) y se llevaba los baúles. Al día siguiente tomábamos un tranvía a la *Mile End Station* y la gran máquina entraba en el hangar y ya estábamos de camino. Primero venían los llanos del campo que rodeaban la ciudad y después las estaciones familiares, que todos los niños de la escuela conocíamos: Ste. Rose, Ste. Therese, St. Jerome, Shawbridge, Belisle's Mill, Val Morin, St. Agathe, St. Faustin, St. Jovite. Madre y Padre preferían Belisle's Mill y Val Morin porque los pacientes iban a Shawbridge y la gente rica iba a Ste. Agathe donde jugaban a las cartas y no se lo pasaban muy bien. Una vez llegamos tan lejos como llegaban los veraneantes, a Mont Tremblant, que entonces no era más que una simple colina cubierta de flores. Y nosotros alquilábamos una cabaña o bien nos alojábamos en una granja

---

[49] NTE: En el original estas palabras son onomatopéyicas y por tanto cumplen la doble función de transmitir el significado y evocar el sonido. En español no tenemos tanta suerte.

o un pequeño hotel con las vigas sin pintar, hechas de la madera local.

Las granjas eran lo mejor porque solía haber un granero y los chicos franco-canadienses eran curiosos y te llevaban al pajar. Siempre había hermanos y hermanas de tu edad y tú no hablabas francés y ellos no hablaban inglés, pero no había que hablar para jugar con la paja, ya fuera a saltar o a esconderse, o *¿qué tal?*, que los chicos hacían por señas y te invitaban a unirte. Y te ibas con ellos a por las vacas y aprendías a gritar *oush, oush,* y después los hermanos mayores sacaban los cubos y la leche salía a chorros y golpeaba la lata como un tambor y después se hacía una espuma alta y limpia. Después la echaban en el separador y por un lado salía la nata y por otro la crema, y lo más divertido era limpiar el separador que tenía mil embudos que había que lavar y poner de nuevo. Después nos daban un gran vaso de leche espumosa, extrañamente templada, por nuestra labor. De vez en cuando había una serpiente verde y grande, arriba donde pastaban las vacas en el prado rocoso de la colina, y la apedreábamos hasta que se moría y decían *«Il est mort»*. Pero ¿qué era «mort»?, intentaban explicármelo y yo seguía diciendo *«Qu'est-ce-que c'est mort?»*. Hasta que finalmente decían *«pakka pub»* y yo preguntaba *«Qu'est-ce-que c'est pakka pub?»*, pero eso también siguió siendo un misterio hasta que de vuelta a casa alguien me dijo que significaba *«Pas Capable»*, y él no sabía explicarlo.

El hotelito siempre tenía grandes pilas de leña en la parte trasera y una heladera llena de serrín húmedo, y los chicos más mayores hacían todo el trabajo. Al anochecer los chicos mayores te perseguían por ahí entre los montones de leña y al principio pensabas que estaban jugando al pillapilla hasta que uno de ellos te cazaba y empezaba a hacer cosas raras, como si fueras una niña, e intentaba apretarte la colita, así que ya no les dejabas volver a cazarte pero era divertido jugar al pillapilla porque podías correr más rápido que ellos y nunca te cazaban. Así que cuando te invitaban a entrar en la heladera te quedabas ahí mirando pero no entrabas. Sin embargo sí cazaban a otros niños, y les metían las manos en la ropa y mascullaban y actuaban como si los niños fueran niñas.

Era agradable ir a dar paseos con Madre o con una de mis tías a recolectar flores y bayas. Una vez Padre nos llevó a pescar al lago en una barca de remos y una vez el Dr. Bendel nos llevó a Padre y a mí a navegar, y una vez Padre y yo escalamos una montaña y Padre dijo «No te comas esas bayas blancas» y bajamos y había una gran serpiente y Padre la mató con una pala. Siempre recordé ese paseo colina arriba, quizá porque fue el único paseo de placer que di con Padre en el campo. Una noche cuando yo tenía seis años, mientras que los chicos más mayores perseguían a los niños por los montones de leña, mascullando en la oscuridad, me senté en una pila de leña lejana junto a una niñita que se llamaba Glenna con el dulce olor de los aserraderos en el aire y los sapos croando en el pantano junto al pasto, y yo tenía muchas ganas de tocarla y poner el dorso de la mano en su falda marrón que se extendía entre nosotros, y ella se sentaba silenciosa y quieta, sin detenerme ni animarme hasta que por su indecisión, indiferencia o fingimiento de que no se daba cuenta, desistí, diciendo «Ya me voy para dentro». Con el tiempo ella creció alta y derecha como una princesa india y nunca volvimos a dirigirnos la palabra en ninguna de las numerosas fiestas de la infancia ni bailes de juventud, y después ella se casó y se fue a los Estados Unidos y nunca más volví a verla.

Mientras Átropos Afila sus Tijeras

El Montreal High era un instituto para hombres y mujeres: *Corpori, Menti, Moribus,*[50] construido en forma de H con la escuela de las chicas ocupando un ala y la de los chicos la otra, y sin permitir que hubiera mezcla entre unos y otras. Para asegurarse de que *Mens Sana in Corpore Sano,* el día escolar comenzaba y terminaba a diferentes horas para los chicos y

---

[50] NEI: Una escuela dedicada al «Cuerpo, a la mente, a las buenas costumbres».

para las chicas, de forma que con este arreglo se prevenía que siquiera se vieran unos a otros. Esto era así también para la escuela primaria. Así, un hermano y una hermana podían ir desde Jardín de Infancia hasta sexto grado sin verse nunca en el horario escolar durante, los doce años de escolarización. Madre y Tía Esther, y después Hermana y Tía Julie eran buenos productos de la escuela de niñas, mientras que a la edad de diez años yo estaba sujeto a la ética masculina del lado de los chicos. Ésta estaba estrictamente reforzada por los maestros y por el Código. Para las ofensas serias o reiteradas, el director estaba autorizado a infligir el castigo corporal conocido como «los azotes». Estos azotes consistían en entre diez y cuarenta golpes propinados con una correa o una regla en la palma de la mano, debidamente registrados en el libro mayor que estaba en el escritorio del director. Tal castigo se convertía en parte del expediente escolar del alumno, y con sólo una sesión de azotes un chico se convertía en inelegible para una beca del instituto. Por eso, para los padres, los azotes no sólo constituían una deshonra familiar, sino posiblemente la pérdida de varios cientos de dólares si su hijo tenía madera de becario.

El propio etos consistía en un código de honor que implicaba lealtad, honradez, responsabilidad y valor. Era casi impensable que un alumno acusara a otro, o que un maestro escuchara siquiera tal comunicación. Era igualmente impensable que un chico, si se le interpelaba, no se autoinculpara y aceptara su castigo como un hombre. Un chico que acusara o que no confesara si se le preguntaba, o que llorara cuando le dieran los azotes, era objeto del menosprecio de sus compañeros. Esto se inculcaba tan poderosamente que casi no se conocía ningún quebrantamiento. Los maestros controlaban por completo la situación, y usaban su poder de forma sensata, ignorando las ofensas siempre que estuvieran dentro de unos límites razonables y no implicaran engaño o sinvergonzonería.

Había otro elemento en esta estructura: en las clases superiores había delegados, cuya tarea era llevar a los infractores al maestro, donde se esperaba de ellos que confesaran y padecieran con la fortaleza apropiada las penalidades indicadas. En cierto sentido, esta era una sociedad idealmente ética: la fuerza policial era incorruptible, ningún hombre se prestaba a testificar contra su hermano, la autoinculpación llegaba sin coerción, y el castigo era rápido y aceptado sin protestas si mediaba la condición de la justicia.

Existían dos áreas discrecionales: una, que el maestro considerara si traía a colación el tema o no, y la otra cuando había una diferencia de opinión entre un delegado y un niño al que hubiera llevado para que se autoinculpara. En estos casos, por supuesto, el sistema se mantenía o caía según la probidad de los maestros y de los delegados. Tal como se practicaba el sistema en aquel momento, ninguna de estas dos clases de oficiales hubiera sobrevivido a un acto de corrupción burda. Los delegados eran responsables ante los maestros, los maestros ante el director, y el director ante el Comisionado de la Junta Escolar Protestante. Ellos por su parte, dependían del pequeño círculo de pares, caballeros y barones que encabezaban las Juntas de corporaciones mayores, y esos nobles caballeros tenían que evitar cualquier conexión con un posible quebrantamiento del código, que podía ser visto en último término como una deslealtad hacia el Soberano, en cuyo caso el hijo del ofensor podía quedar excluido de alistarse en el Royal Military College en Sandhurst, o su hija de ser presentada en la corte. Así ningún acto de burda falta de honradez por parte de nadie desde un prefecto para arriba hubiera tenido apoyo de la jerarquía, y de esta manera el más humilde alumno estaba de alguna manera protegido de una injusticia flagrante de acuerdo con los estándares que emanaban de Su Majestad. En la práctica, no obstante, no era el temor a las sanciones, sino la integridad del Claustro lo que hacía que el sistema funcionara.

Mientras los individuos estaban seguros dentro del propio etos, había otros factores en funcionamiento en una esfera diferente. Rutland School era tan democrática como lo podía ser una escuela en esa ciudad en aquel momento. Protestantes y judíos, aunque se reconocían sus respectivas diferencias, también reconocían los derechos de unos y otros. Estudiaban unos junto a otros en condiciones similares, salvo que los protestantes tenían Escrituras mientras que los judíos estudiaban Higiene. Al igual que había algún chico francés, de vez en cuando había árabes, ingleses, alemanes, irlandeses, italianos, judíos y escoceses. Lo suyo era ser inglés o escocés, preferiblemente escocés, aunque un protestante irlandés también estaba bien. Se consideraba que los alemanes habían cometido un pequeño error a la hora de elegir a sus padres, pero se le toleraba en statu quo, a no ser que el chico deviniera arrogante, en cuyo caso se le hostigaba hasta que se pusiera en su lugar en la sociedad. Estaba al mismo nivel que un francés protestante. Los árabes, italianos y judíos formaban el grupo externo, y el contingente inglés les animaba a pelear entre sí. Sin embargo de acuerdo con un canon menor del etos, no había acoso escolar y las peleas siempre tenían lugar entre aquellos de peso similar. Las reyertas más memorables fueron entre Rudy Ekstein y Alla Malik, los dos chicos más robustos de la clase, cada uno comprometido a defender el honor de su raza.

Sin embargo había cierta benevolencia. En medio del año, un niño nuevo, Roger Croft, entró en la clase y prevaleció sobre mí en el primer puesto. Me fui al baño y lloré un poco cuando me enteré de la noticia, y Malik, al verme empezó a burlarse. Algunos de los otros chicos me preguntaron qué me pasaba. «Bueno, perdí mi primer puesto y eso no me importa, pero Malik no tenía que haberme insultado». Hubo un conciliábulo y se decidió que Malik no se tenía que haber burlado. Sugirieron preguntarle a la maestra, y fueron en procesión a plantearle la cuestión. Ella estuvo de acuerdo en que Malik no tenía que haberse burlado. Malik y yo nos dimos la mano y así se cerró el incidente. Nadie intentó aconsejarme ni consolarme. Lo único que tenían en mente era el tema de la justicia, y ya que todos adoraban a Miss White, la maestra, nadie cuestionó su veredicto.

Registré algunos de los acontecimientos de ese año en un pequeño *Carnet de visites* rojo que Padre me dio. Esa primavera, cuando aún no tenía diez años, escribí:

Vi. 5 de marzo de 1920. Hoy me tuve que quedar dentro con el resto de la clase de los niños porque I.Z. y D.N. se pelearon. Excavé en el canalón para buscar agua con el hacha del kit de herramientas [evidentemente ya había llegado el deshielo de la primavera]. Me dormí tarde porque Hermana estaba charlando.

Sábado, 6 de marzo de 1920. Birlé un chicle. Estaba despierto a las seis en punto, levantado a las seis y media. Hice un librito y un barco de vela. Salí con un palo a la nieve que estaba muy alta.

Domingo, 7 de marzo de 1920. Peso 57 libras (25,9 kilos). Altura 4 pies 4½ (1,35 metros). Estuve haciendo volteretas y saltos y andando por las laderas de nieve.

Lunes, 8 de marzo de 1920. Recibí *Las salvajadas alemanas*.[51]

No hay entrada del martes. El miércoles pesaba 61 libras (casi 28 kilos). El viernes pesaba 56½ libras (25,7 kilos) y media un cuarto de pulgada (0,6 cm.) más que el domingo, de acuerdo con la báscula de la consulta de Padre. Esta es la última entrada y termina: «La nieve se estaba derritiendo y todos los canalones se rebosaron. Se me mojaron los pies dos veces. No fui a la escuela porque mis botas estaban mojadas».

De Piratas y Bromas

Primero había habido piratas, y todo ocurrió de repente, como cuando te escondes detrás de una puerta y dices ¡Bu! a Mamá o a Papá. Solía gustarles cuando te escondías en la cama bajo el edredón y sacabas la cabeza y decías ¡Bu! y a veces metían la cabeza y decían ¡Bu! antes. Pero no les gustaba cuando eras más grande y decías *¡Bu!* desde detrás de una puerta, así que había que dejarlo. Los piratas eran malvados y la gente buena los asustaban de repente y rescataban a las per-

---

[51] EB: Era un libro que mostraba las cabecitas de las niñas belgas clavadas en las lanzas de los hunos.

sonas que se habían llevado como prisioneros, y les estaba bien empleado. Y sobre eso fue mi primer cuento y Madre y Padre pensaron que era un cuento muy bueno, excepto que se reían porque todo pasaba de repente. Eso me dejó confundido porque se suponía que no tenía que ser divertido. Pero escribirlo fue mejor que esconderse detrás de una puerta y asustar a Madre o Padre enfadándolos.

Si quería escribir tenía que aprender palabras nuevas, que yo copiaba de los libros médicos de Padre en una libreta de recetas. Después de «para» yo escribía «palabras médicas», y después de la «R» yo ponía: «amígdala, piramidal, polimorfo, tálamo encéfalo, tímpano, escotadura de Rivino, subclavia, foramen timpánico inferior». Nadie sabía lo que significaban excepto Padre y sus amigos médicos. Cuando le pregunté a Padre cuál era la palabra más larga que se le ocurría, me dijo «leucocito polimorfonuclear». Cuando le pregunté cuál era la palabra más difícil de deletrear me sugirió «phthisis».

Yo también escribía diarios esporádicamente, que se fueron volviendo más sofisticados a medida que fui creciendo. A los diez: «Me levanté a las 6 y fui a cortar hielo». A los catorce: «Fui en bicicleta y pasé por delante de casa de April». Empecé a codificar los secretos en francés, latín e inglés abreviado. A los diecisiete: «Vi el gran descapotable *Stutz*[52] morado. Priscilla está jugando a hacerse la estrecha ya que nunca pasa por delante de mi casa de camino a la escuela».[53]

Estos esfuerzos literarios culminaron en la Revista del Instituto que se publicaba una vez al año. Escribí un artículo humorístico en francés, se lo envié a F. Percival Maybee, editor jefe de la revista. Era una conversación satírica entre dos

---

[52] NEF: La marca de vehículos *Stutz* fabricó básicamente coches deportivos durante el primer cuarto del siglo XX.

[53] NEE: Parece que el joven Berne empezó pronto a ser consciente de los juegos psicológicos.

jirafas francesas sobre el besuqueo[54]. No fue aceptado. En vez de eso, Cuckoo Inverness sugirió que escribiera un artículo sobre los *Chapbooks*,[55] y como material de investigación me dio dos libros sobre el tema de la biblioteca McGill. Me sentí muy mayor consultando auténticos libros universitarios, y los estudié a consciencia. El artículo fue publicado, acompañado por un grabado en madera de «Jack Ye Giante-Killere» de Duncan McPhee:

Aunque los *chapbooks* son muy interesantes y curiosos, muy poca gente sabe algo sobre ellos. Hace unos doscientos años, estos *chapbooks* eran la principal fuente de lectura de la mayor parte de la gente inglesa... Estos libros los vendían los buhoneros, llamados *Chapmen*. Debido a su bajo precio, no los leían las princesas y los duques, sino los hombres de clases más bajas, como granjeros y peones, y por este motivo estaban escritos en un lenguaje coloquial... El tema objeto de estos libritos varía de lo histórico a lo humorístico... Con diferencia el más popular de estos *chapbooks* era el burlesco. Así uno de los *best-sellers* del momento se titulaba «*Joaks* sobre *Joaks*». Por cierto, muchas de estas *Joaks* o bromas aún se usan en nuestros bien espabilados periódicos...

Compartir

Mi padre sabía cómo dar, pero no cómo recibir. En una ocasión guardé unos peniques para comprarle un regalo de cumpleaños a sugerencia de Madre: una brocha y una taza de afeitar. Cuando llegó el día, entramos orgullosos en el cuarto de baño y le di el paquete a Padre. Abrumado por el desconcierto, tartamudeó:

---

[54] NTE: Aquí hay un juego de palabras y visualización, ya que la palabra besuqueo en inglés es «*necking*» o «cuelleo». De ahí que sean jirafas las que conversan, debido a su largo cuello.
[55] NEE: Obras populares que se publicaban por capítulos en formato de panfleto. Muy habituales en el siglo XIX.

—Gracias, gracias, vaya, no tenías que haber hecho nada. Qué regalo tan bonito. Toma, te devuelvo el dinero.

—¡No! —dijo Madre con firmeza, y mi cara miraba hacia arriba a Padre, radiante de felicidad ante su gratitud.

Pero me confundió que me mirara de una forma rara, como si mi amor le hubiera pillado por sorpresa. Padre siempre se ponía de parte del que tenía las de perder. Durante meses hice acopio de regaliz en una vieja caja de puros, mientras que Hermana se comía su parte tan pronto como se la daban. Un día me encontraba disfrutando parte de mi alijo en secreto placer, cuando Hermana entró en la habitación y me pidió. Yo le dije que no, y Padre vino a ver por qué causábamos tanto alboroto. Cuando vio el montón de chucherías, me dijo que los compartiera con mi hermana. Intenté explicarle, pero Padre sólo dijo: «¡No seas tan egoísta!». Así, desilusionado ya de las virtudes del ahorro, me repartí las chucherías con ella, y los dos nos comimos de una sentada todo el montón que yo tan prudentemente había reunido. Pero no aprendí aquella lección bien. Más adelante

en la vida tuve que compartir reacio otras cajas de dulces, dolorosamente reunidos mediante la abnegación. El abuso de mis ahorros por los demás era parte de mi destino, y el regaliz pesaba sobre mi cabeza.

Segunda Parte

Juventud

Todos Fuera – Final de Trayecto

Todas las hermanas Durocher se habían casado ya, y las criadas se habían convertido en un problema. La última era rara: una chica alta, corpulenta y sensual que llevaba un holgado vestido de algodón con un cinturón negro y ancho, que hacía juego con su pelo negro y liso, y cuyo nombre era, paradójicamente, Blanche. A nosotros, los niños, todas las que no fueran momias y estuvieran entre los diecisiete y treinta y cinco años, nos parecían de la misma edad; pero ella probablemente tuviera unos veinte. Su rareza residía en su relación infantil con nosotros, como si perteneciera a nuestro mundo más que al de las personas mayores. Nos daba caras barritas de caramelo de cinco centavos, que al principio éramos reacios a aceptar. Sabíamos que las criadas debían guardar su dinero para sustentar a sus padres o para añadirlo a su dote.

Un viernes volví a casa para almorzar y me encontré a Madre con un aspecto muy grave. Dijo que Padre había tenido una hemorragia. «¿Qué es una hemorragia?», pregunté. «Sangre de los pulmones», dijo. Me habló de una forma rara como si yo fuera una persona mayor, y me dijo que fuera a saludar a Padre. Padre estaba acostado muy quieto en la cama, mirando al techo. Cuando entré, giró la cabeza.

—Hola —dije.

—Hola —dijo Padre, y me tomó la mano.

Nos miramos unos segundos y entonces Padre dijo:

—Un niño pequeño debería cuidar bien de su madre y de su hermana.

Yo asentí con la cabeza y Padre dejó caer mi mano.

—Adiós Padre, dije.

—Adiós, Leonard —dijo Padre.

Madre estaba esperando en el vestíbulo.

—Te daré de almorzar y después puedes volver al colegio.

—¿Dónde está Blanche? —pregunté.

—Está despedida. Todo este tiempo ha estado hurtando dinero del bolsillo de tu padre. Esta mañana faltaban catorce dólares.

Por la tarde, cuando mi hermana vino de la escuela, hablamos sobre su fiesta de cumpleaños. Madre le había prometido algo especial para su séptimo cumpleaños el domingo, pero ahora había que cancelarlo todo. Protestó disgustada:

—¡Pero me lo prometiste!

—Padre está demasiado enfermo —razonó Madre.

Permanecimos en silencio el resto de la tarde mientras Padre dormía, excepto cuando mi hermana le visitó unos minutos, y después nos fuimos temprano a la cama, tras la visita del Dr. Ottenberg. A la mañana siguiente llegó un gran carro con un tanque de oxígeno tan alto como un hombre, y el hermano de Padre, Tío Ike ayudó a subirlo. Durante todo ese día y el siguiente jugamos sin hacer ruido, abajo o en el jardín, que ahora estaba lleno de hielo y de nieve, y Padre estaba demasiado enfermo para recibirnos. El domingo por la noche nos dieron una cena improvisada y de nuevo nos mandaron temprano a la cama. Mi hermana durmió profundamente, pero yo estuve despierto en la cama, escuchando cómo Tío Ike golpeaba y giraba la válvula del tanque de oxígeno con una llave inglesa. También oí a Madre rogándole a Padre que no se fuera. Debí dormir un poco ya que más tarde supe que Padre había gritado mucho porque necesitaba aire, y yo no oí nada. Lo siguiente que sí oí fue a Madre abajo llamando a Padre por su nombre. Por cómo decía el nombre y los sonidos que siguieron a continuación supe que estaba intentando convencerse de que no era más que una pesadilla. Pero yo sabía que no era una pesadilla. La luz del día entraba por las ventanas. Mi hermana estaba al otro lado de la habitación y vi que ya estaba despierta. «Padre ha muerto», le dije, y los dos lloramos un poco. Después volvimos a dormirnos.

100

Aquel día Madre contestó al teléfono como de costumbre. Les dijo a los pacientes que el doctor estaba enfermo. Vinieron algunos hombres de la funeraria y se llevaron a Padre al cuarto de baño y trabajaron allí largo rato. Mi hermana y yo teníamos que estar jugando en la planta de abajo o en el jardín, pero al ir a la cocina a por algo de comer, oíamos los ruidos. Tío Ike estaba en la cocina y cada vez que nosotros entrábamos, hablábamos unos minutos. Nos preguntó sobre el colegio y reía cada vez que pensaba que habíamos dicho algo lindo, y después nos dijo que volviéramos al jardín o a la planta de abajo a jugar. Por la tarde pusieron el ataúd de Padre en la sala de espera, llevaba cuello almidonado, un traje negro y una corbata negra. Entonces varios hombres y señoras empezaron a llegar y a sentarse con él. Los hombres rezaban y las señoras lloraban ruidosamente. Mi hermana y yo mirábamos por la puerta a hurtadillas, pero no podíamos entrar. Madre contestó de nuevo al teléfono, y esta vez dijo «El doctor ha muerto». Después de eso no volvió a contestar al teléfono. Le dijo a Tío Ike que se fueran todos excepto los parientes. Sus amigas vinieron y nos hicieron la cena y subieron a la habitación de Madre para ver si necesitaba algo. Cubrieron todos los espejos.

A la mañana siguiente, muchos conocidos vinieron a ver el ataúd, y a los niños se nos permitió mirar también. Padre tenía un aspecto normal, pero estaba muy silencioso y no respiraba. Tío Ike y otros hombres me dieron un libro de oraciones y me explicaron que tendría que aprenderme una oración y decirla todos los días durante un año en la sinagoga. Yo no sabía leer hebreo muy bien, lo había estudiado un poco de los libros que me había dado el Abuelo, pero había una transliteración al inglés y eso es lo que aprendí. Entonces me dijeron que tenía que ponerme junto al ataúd y recitar con ellos una oración. *Yisgadal Veyiskadash.*[56] Da un paso atrás al final. Yo aún no tenía once años.

El funeral tuvo lugar al día siguiente. Una enorme multitud se reunió en una de las anchas escaleras que llevaban a la acera frente a la casa de piedra inexpugnablemente segura, que había sido atacada desde dentro por el pequeño bacilo de Koch, de forma que las paredes pronto se caerían. Todos los niños pequeños de la calle se escabulleron a las primeras filas. Primero los hombres bajaron el ataúd. Entonces la familia salió, y después sus amigos. Los hombres pusieron el ataúd en el coche fúnebre, y a medida que se fue moviendo por la calle, todo el mundo se alineó detrás. Yo miraba hacia delante mientras bajaba las escaleras, pero vi a los demás niños por el rabillo del ojo. Ocupé mi lugar familiar como cabeza de la procesión, junto a mi primo Yank. «Nunca antes he ido a un funeral», le dije a Yank con cierto orgullo. Yo sabía que caminar detrás del ataúd de mi padre era cosa de hombres. La procesión fue hasta la mitad de la calle, y todos lo que iban a ir al cementerio se metieron en grandes coches negros mientras que los demás permanecieron mirando.

Condujimos muy despacio por las calles invernales. A medida que pasábamos, la gente se paraba a mirar, y los hombres se quitaban los sombreros. Llegamos al cementerio y los coches se pararon y los portadores del féretro con sus sombreros de hongo y sus largos abrigos negros retiraron el ataúd del coche fúnebre. Las mujeres y mi hermana se quedaron fuera y los hombres y los niños entraron. Me sorprendió ver la profunda sepultura que ya habían cavado; así que incluso en un lugar tan lejano como el cementerio ya se habían enterado, gente que no eran ni amigos ni familiares. El rabino recitó unas oraciones mientras bajaban el ataúd al hoyo. Entonces algunos hombres se alinearon junto a mí y

---

[56] NEF: *Yisgadal, veyiskadash, shmey raba* significa «Que su nombre sea celebrado y santificado», oración fúnebre de la religión judía.

pronunciaron el *Yisgadal* mientras yo leía con ellos del libro negro. Alguien, quizá mi Abuelo, echo el primer puñado de tierra, y los sepultureros lo cerraron. Después todos volvimos a meternos en los coches. De vuelta en casa, Madre y mi hermana y yo subimos las escaleras del exterior de la vieja casa de piedra y cerramos la puerta detrás de nosotros. Madre nos dio leche y galletas y nos dijo que jugáramos sin hacer ruido. Después se fue arriba a su dormitorio y cerró la puerta de caoba. Nos bebimos la leche y comimos las galletas despacio. La casa estaba muy silenciosa ahora, más silenciosa de lo que había estado nunca.

Todos a Bordo hacia Villaviuda

Al principio no nos dimos cuenta de lo que nos había ocurrido. Para Hermana, que acababa de cumplir siete años, así eran las cosas, así funcionaba el mundo, algo más a lo que acostumbrarse. Esperaba quizás que yo ocupara el lugar de Padre, pero ese era un papel que yo no era capaz de cumplir. Le siguieron ocurriendo tantas cosas después de eso que no tuvo oportunidad de ordenar sus sentimientos. Así, vivió la mayor parte de su vida, sobre un caos que rodeaba al vacío, a través del cual fluía una rica corriente de vitalidad emanada de la sólida seguridad de sus primeros siete años.

Mi intento de ser el padre duró poco. Durante uno o dos días me pavoneé un poco, para sorpresa de Tío Ike, y después volví a mis rutinas escolares con mayor seriedad. Después de una semana volví al Montreal High para acabar el curso escolar, sabiendo que al final del mismo tendría que volver al Rutland. Los otros chicos respetaban mi semiorfandad, que quizá fuera el motivo por el que decidieron que Malik había hecho mal en burlarse de mí, y por lo que Miss White estuvo de acuerdo.

Me acostumbré a levantarme temprano y leer por la mañana, de forma que llegaba tarde al colegio una y otra vez, y el monitor de turno tenía que darme una nota de amonestación por haber llegado tarde. Cuando mis retrasos se hicieron intolerables, me llamaron al despacho del director y me hicieron una advertencia. Pero tuvo poco efecto, y a la larga Mr. Buxton decidió propinarme un azote.

Así, una mañana me encontré frente a la silla giratoria del director. Mr. Buxton abrió el registro de castigos, cuya cubierta estaba marcada por años de pedagogía corporal, y puso la gruesa tira de cuero al lado. Yo permanecí respetuosamente de pie al otro lado del enorme escritorio de roble, observando atemorizado los preparativos. Siempre había estado alerta a lo que ocurría a mi alrededor, y ahora tenía curiosidad por saber cómo se llevaba a cabo el procedimiento, y también cómo reaccionaría yo a que me ataran las manos. Yo estaba perfectamente dispuesto a someterme al orden de las cosas, pero no veía razón alguna para no aprender lo que pudiera de camino. En realidad había un aspecto de la situación que me consternaba, pero no di muestras externas de ello, y decidí ocuparme más tarde en lugar de dejar que interfiriera con lo novedoso del procedimiento. Sabía que si mi nombre aparecía en el libro de los golpes, no sería elegible para que me dieran una beca para el instituto. Pero ya había aprendido también lo inútil que era la aprensión; las cosas no necesariamente salían como parecía que iban a salir. Esto también se podía aplicar a aquellas cosas que esperaba con alegre expectación. En el curso de los acontecimientos, la aprensión daba paso al alivio y la expectación a la desilusión. En mi filosofía de la niñez, ninguna de las dos cosas merecía la pena, y prefería vivir el momento.

Mr. Buxton escudriñó pensativo mi delgada constitución durante unos segundos (mi tío me llamaba Huesos), estoicamente parada frente a él, y por fin me preguntó, alcanzando el teléfono: «¿Tu madre está en casa?».

Mr. Buxton era un educador con larga experiencia. Venía de una familia de docentes; de hecho los Buxton eran conocidos por su vocación docente en toda la ciudad de Montreal. Fue Jessie Buxton quien guió a Madre hasta el Sexto

Curso catorce años antes, y con el mayor de los honores que el colegio podía otorgar, y también ella guiaría a mi hermana hasta Sexto Curso. Fue Oliver Buxton quien le enseñó química a su Madre y quien me enseñaría química a mí también cuando llegara el momento. Y ahora aquí estaba Robert Buxton, frente al hijo afligido de un distinguido graduado, y hermano de una niñita que en este preciso momento estaba sentada en su clase en el ala femenina del colegio. Sin dejar de mirarme, levantó el auricular. Le dio nuestro número a la operadora –363 Este– y en un momento Madre estaba al otro lado de la línea. Después de una breve conversación, supo el motivo de mis retrasos y colgó.

—Bueno —dijo con indulgencia—, estudiar no es un mal motivo para llegar tarde, así que te daré una oportunidad más.

Quizá estuviese pensando en la anécdota de Plutarco en la que Herodas el Espartano, al saber que un ateniense había sido condenado por ociosidad, expresó tener envidia de quien había sido condenado por un crimen tan caballeroso. Y ahí estaba yo, condenado por el igualmente caballeroso crimen de la erudición.[57]

Desde ese momento me enmendé, pero el hecho de haber llevado mi mal comportamiento al extremo de ponerme al borde de recibir unos golpes, me dio un nuevo prestigio entre mis compañeros de clase. Me mostraban más respeto del que mostraban a Malovitch, el único chico de la clase que realmente había sido atado de manos y cuyo nombre había sido puesto en el libro oficial de la infamia.

Madre se tomó la muerte de mi padre de la peor forma. Las noches eran lo más duro, y el Dr. Ortenberg le prescri-

---

[57] NTE: Aquí hay un juego de palabras difícil de traducir. En inglés, *scholarship* tiene varios significados posibles, y en este caso se juega con dos de ellos: «erudición», puesto que el motivo de que llegara tarde es el estudio, y «beca», ya que el principal perjuicio que le causaría al alumno estar en el registro de castigos sería el perder la beca.

bió fenobarbital. Poco a poco fue desmantelando las viejas rutinas y comenzó la desgarradora degradación gradual de la sólida casa de piedra. Intentó prevenir esta decadencia pidiendo dinero prestado a uno de los parientes de Padre que era banquero, y planeaba devolverlo empezando a trabajar; pero él tenía sus propias preocupaciones, y su petición sólo resultó en humillación y en la firme determinación de arreglárselas por sí misma. Afortunadamente había suficiente colchón económico para que el descenso fuera lento y suave entre los gélidos aires del luto y la melancolía, hacia los campos del afán y las preocupaciones que le esperaban. Mientras tanto intentaba solazarse escribiendo lamentos:

Nadie sabe de su lid…
Hasta que al fin la Muerte adelantó su sangrienta mano
Lanzándolo a descanso temprano
Y dejándome para llorarle aquí.
Oh alma valiente y querida, huida hacia el olvido,
Huida para siempre y por siempre de esta tierra lóbrega
Perdura y espérame en el brillante reino desconocido
¿O descansas agradecido en el olvido…
Mientras yo me marchito y muero sola,
Por completo y por siempre sola?

También había trenos y cantos fúnebres para leer y subrayar en *El tesoro dorado* de Palgrave[58]

Se acabaron tus alegrías y tus penas (Shakespeare)
Ay de mí, ¿qué será de mí? (Lyle)
Como una pluma movida por viento y tormenta (Drummond)
De todo esto cansado, pido el mortal descanso. (Shakespeare)

---

[58] NEF: *El tesoro dorado* es una antología muy conocida de cantos y poemas ingleses que fueron originalmente recopilados para su publicación por Francis Turner Palgrave en 1861.

Lycidas[59] se adaptaba particularmente bien a su estado de ánimo:

Ahora te has ido para no volver nunca
Para despreciar tanto deleites como días laboriosos.
Las ovejas hambrientas elevan la mirada y no se las alimenta,
Sino henchidas con el viento y la bruma que atraen hacia sí
Pudriéndose por dentro, y extendido el fétido contagio.

Y:

Aquí yacen, habiendo tenido reinos y tierras,
Los que ahora carecen de fuerzas para mover las manos,
La Muerte os llama hacia la multitud del común de los mortales.
Sólo los actos de los justos
Tienen dulce olor, y florecen de entre el polvo.
Señor de sí mismo, pero no de tierras
Y sin tener nada, todo lo tuvo.
(Beaumont, Shirley y Wotton)

Y del raro Ben[60]:

Flor de un día
Es más bella mediado mayo,
Aunque caiga y muera esa noche
Fue la planta y la flor de la luz.
Vemos la belleza justa en pequeñas proporciones;
Y en pequeña medida puede la vida ser perfecta.

Todo esto debió haberla ayudado, ya que el último pasaje marcado muestra un cambio de actitud:

---

[59] NEF: *Lycidas* es un poema elegíaco de John Milton, escrito en 1637, dedicado a uno de sus compañeros de estudios que se ahogó.
[60] NEF: Se refiere a Ben Johnson.

Sobre las rocas más inclinadas
El amor encontrará el camino.

En mis propios días de melancolía la que mejor yo recordaba era a la muy trillada Shelley:

¡Oh, mundo! ¡Oh, vida! ¡Oh, tiempo!
Cuyos últimos peldaños subo.

Inquilinos

Lo primero en salir fue la sirvienta. En primavera, el glorioso Ford con su autoarranque y sus ruedas doradas voló por 600$. ¿O había costado 600$ y salió por 250$? Después Mr. Kaplan vino y convirtió el piso de arriba en un apartamento con cocina y el de abajo en un apartamento con baño.

Pronto la casa se llenó de gente. En el piso de abajo vivía Mr. Morgan, un trabajador, con su mujer y sus dos hijos. Hacía de portero y alimentaba la caldera en invierno. Mrs. Morgan trabajaba como camarera. Minni Morgan era una niña pálida más o menos de la misma edad que mi hermana, que llevaba un vestido de tela escocesa y prefería jugar sola. De todas formas Madre no quería que mi hermana jugara con ella, porque siempre estaba sucia. Jimmy Morgan era más o menos de mi edad, pero no teníamos mucho en común y a Jimmy no le estaba permitido jugar en la calle. No duró mucho porque Mr. Morgan se emborrachaba cada sábado por la noche y pegaba a su esposa, así que les despedimos. Entonces un hombre y su esposa se mudaron a la casa y la cuidaron bien, pero no querían niños alrededor así que tampoco les veíamos mucho.

En el primer piso vivía Madre con mi hermana y yo, y tía Esther pasaba la mayor parte del tiempo allí también, y dormía en una cama extra en el cuarto de Madre. En el piso de arriba vivía un hombre y su esposa que, increíble pero cierto, se llamaban Mr. y Mrs. Pickles[61] y tenían exactamente el aspecto de su nombre. Me gustaría poder decir que actué como un héroe en mi relación con Mr. Pickles, pero no fue el caso. Fue especialmente triste ya que siempre quise comportarme como un héroe y suponía que, si se me daba la oportunidad, lo haría. Yo era lector acérrimo de los semanarios de los alumnos de Fleet Street, el *Magnet* y el *Gem*, en los que siempre emergían los briosos alumnos de Cuarto curso, Frank Nugent, Tom Merry[62] y Huree Singh, llenos de valor y coraje. Incluso el gordo de Billy Bunter, cuyo cuerpo con frecuencia daba en el suelo del Greyfriars con un sonido que se describía como un *golpe estrepitoso*, era capaz de estar a la altura de las circunstancias bajo presión. Los héroes del Greyfriars y St. Jim eran reafirmados por los jóvenes héroes del anuario *Chatterbox* y más tarde por los héroes algo más mayores del *Chums* y *My Own Paper*. A Madre no le entusiasmaba demasiado que yo leyera el *Magnet* y el *Gem* pues dudaba de sus cualidades como pasto intelectual, y más aún le preocupaba que el leer una letra tan pequeña acelerara mi incipiente miopía. Sin embargo sus protestas eran débiles, así que continué leyéndolos.[63]

Una o dos veces, después de que el luto de Madre hubiera disminuido lo suficiente como para que se interesara en los aspectos más frívolos de la vida, hizo una fiesta, e invitó a algunas de las parejas más animadas de su círculo, junto con algunos de los solteros más bohemios y damas solteras. La animación y la bohemia, sin embargo, sólo se desviaba muy modestamente de los aburridos estándares de la comu-

---

61 NTE: En inglés, «Pickles» significa pepinillos.

62 NEF: Tom Merry y Frank Nugent son personajes recurrentes de estas revistas con los que el pequeño Eric se identifica a menudo, y que se repiten en este escrito.

63 NTE: En español, los títulos de las revistas serían *Magnet* (Imán), *Gem* (Joya), *Chatterbox* (Parlanchín), *Chums* (Amigote o Compinche) y *My Own Paper* (Mi Propio Periódico).

nidad, de forma que la hilaridad de las fiestas, incluso en su cénit, no iba más allá de tocar el piano y del canto dirigido por los músicos profesionales que acudían. Rupert Compton, por ejemplo, disfrutó de poder ejercitar su muy competente voz de tenor en tales ocasiones, incluso a las 2.00 am. Esta actividad era como el nuevo look de la calle Ste. Famille: con algunas puertas menos, algunos profesores de la *Ecole de Beaux Arts* habían alquilado una casa en la que habían instalado sus estudios. Entre ellos produjeron varias de las grandes obras de arte contemporáneo franco-canadiense, tanto pinturas como esculturas, y en ocasiones también hacían alguna celebración.

Las fiestas de Madre, aunque modestas e infrecuentes, enfurecían a Mr. Pickles. Pero éste no decía nada, y el primer indicio que Madre tuvo fue cuando sus recibos mensuales del gas se triplicaron. Mr. Pickles, perro viejo en materia de negocios, sabía reconocer a una viuda cuando la tenía delante, y había convencido a Madre fácilmente para que ella pagara los recibos cuando firmaron el contrato. Así que ahora se estaba vengando. Durante días Madre rumió preocupada y temblorosa antes de reunir el coraje necesario para enfrentarse a él. Una mañana llamó a su timbre, y lo que siguió fue una terrible escena. Le mostró el recibo del gas, y Mr. Pickles invadido por una risa de villano le respondió que estaba dejando todas las hornillas de la cocina encendidas día y noche. Ella, estupefacta al no comprender, le dijo que eso era algo terrible.

—¡Ja! —chilló Pickles—, ¡pero está en el contrato, así que tiene que pagar el recibo![64]

—¿Pero por qué hace usted eso? —preguntó ella.

---

[64] NEE: Es un buen ejemplo del juego que Berne denominó Ya Te tengo Hijo de Perra.

—¡Porque usted y sus sucios amigos están haciendo fiestas constantemente, por eso! —aulló— Bebiendo y cantando y haciendo ruido todo el tiempo.

¿Y qué hice yo? ¿Me puse junto a mi pálida madre con los puños en ristre, defendiéndola noblemente contra el violento ataque de este viejo horrible, como hubieran hecho Frank Nugent de Greyfriars o Tom Merry de St. Jim's? No. Me quedé arriba en mi cuarto asustado. No era miedo físico. No me daba miedo que el viejo me hiciera daño, sólo tenía miedo de que me gritara, y eso era suficiente para hacerme temblar, simplemente porque yo no sabía cómo contraatacar. En primer lugar, mi padre me había enseñado bien a no responder a los mayores. Yo debía respetar a mis mayores y no se me había dado permiso para hacer excepciones.[65] Nunca me había hecho falta hacer tales excepciones, ya que todos los mayores que yo había conocido eran merecedores de algún respeto, incluso el viejo Jerry con su olor a whisky y su voz ronca y su caminar errático, que vivía al final de la calle y era basurero en la C.P.R (Ferroviaria Pacífico Canadiense), y amigo de todos los niños. La idea de golpear a Mr. Pickles era para mí inimaginable.

Pero una razón más convincente era el hecho de que Mr. Pickles era nuestro inquilino. Yo era consciente de los problemas económicos de Madre y de la importancia de la renta de Mr. Pickles. Si yo ofendía a Mr. Pickles, Mr. Pickles podía irse y entonces hubiéramos perdido sus 60 dólares mensuales, y hubiera sido culpa mía y no tendríamos suficiente dine-

---

[65] NEE: El permiso es otro concepto central en el AT. Según Berne, gran parte de los problemas de los seres humanos provienen de la falta de «permisos» para hacer o dejar de hacer determinadas cosas. Habitualmente estos son otorgados en la infancia por los progenitores u otras figuras representativas, como maestros, abuelos, familiares e incluso figuras míticas o fantásticas como los personajes de los cuentos con los que nos identificamos. Es tarea del terapeuta identificar los problemáticos y encontrar la mejor forma de otorgarlos para que el cliente lo acepte.

ro en el futuro. Pensé que Madre sabría cómo manejar la situación para mejor. Me sentí mal por no poder explicarle todo aquello a Frank Nugent o a Tom Merry, y porque ellos hubieran pensado que yo no servía y que no podía ser uno de los de su banda.

Los Estados Unidos[66]

Los niños de cinco y seis años estaban jugando a rayuela junto al Gran Árbol Grueso, usando un cascote de cristal para marcar, las niñas con calcetines blancos y vestidos blancos almidonados, mientras que yo llevaba pantalón corto y calcetines azules. Una niña nueva que acababa de mudarse estaba ahí mirando y Frank Flaherty corría en círculos alrededor de ella. De repente se paró y le metió la mano por debajo del vestido, y después siguió corriendo alrededor de ella de nuevo. Ella empezó a llorar y se fue corriendo a casa, con las coletas volando. Todos nos paramos a mirar, Ruthie Golden sobre una sola pierna en el 4º cuadrado. Nuestros ojos se volvieron a Frank y nos quedamos mirándole unos segundos, y después seguimos con nuestro juego. Frank se sentó en el umbral de una puerta a mirarnos. «¡Nenazas!» se burló. Nadie le prestó atención.

—Mi tía va a ir a Santa Fe —dijo Merrill Golden.

—¿Dónde está eso? —pregunté.

—En los Estados.

—¿Unidos? —pregunté con aire erudito, y Merrill asintió mientras tomaba el cascote de cristal de su hermana para hacer su turno en los cuadrados.

A la gente que venía de los Estados Unidos se las llamaba turistas. Más tarde, los niños más cínicos los llamaban

---

[66] NTE: El título original de este epígrafe, *The States*, es como la gente se refiere informalmente a Estados Unidos en inglés, diciendo sólo *The States*. Nunca he oído esa expresión abreviada en español.

putistas,[67] ya que muchos de ellos visitaban los famosos burdeles de la calle Cadieux para hacer turismo y otros propósitos. Después de la prohibición venían a beber, claro, y muchas de las grandes fortunas de Canadá se forjaron en la sed de alcohol de Estados Unidos[68]. Se los distinguía por sus trajes vistosos, sus zapatos sofisticados, sus camisas de cuadros y sus cuellos sin abotonar. Las señoras estadounidenses también eran fáciles de distinguir porque llevaban demasiado maquillaje y joyas. Incluso cuando los hombres iban formales y las mujeres informales, se les distinguía por la libertad con la que se movían y porque hablaban muy alto.

Pero cuando ibas a los Estados Unidos era diferente. Se vestían como personas normales, y eran muy amistosos. Todo el mundo hablaba con todo el mundo. La mayor sorpresa era que incluso los trabajadores hablaban inglés de forma que podías hablar con ellos también. La primera vez que lo noté fue en Queen City Park, a las afueras de Burlington, Vermont. Era el año 1920 y Padre nos había enviado allí de vacaciones en lugar de a las montañas. El hotel era mucho más grande y más impresionante que los hoteles de los Laurentinos, y había tanta gente que era imposible conocerlos a todos. El lago Champlain también era mucho más grande que los lagos de los Laurentinos; era casi como el océano, eso decían. Y tenía dentro unos gusanos muy desagradables que se llamaban sanguijuelas, que se agarraban a las piernas

---

[67] NEF: *Whorist* en el original. Juego de palabras compuesto por *whore* (puta) y *tourist* (turista).

[68] NTE: En el original el autor emplea *America*. En este caso tengo ciertos reparos éticos para la traducción. Si bien muchos hispanohablantes identificarían América con Estados Unidos, en nuestro DRAE no está definido así, aunque sí sucede en muchos diccionarios en los que América y Estados Unidos aparecen como sinónimos (el *Merriam Webster*, en el *Oxford* y el *British*, por ejemplo). Yo sin embargo no considero apropiado usar el nombre de todo un continente para un único país; los canadienses, mexicanos y guatemaltecos son tan americanos como los estadounidenses.

de la gente y ondulaban de forma asquerosa y se llenaban de sangre. Había arboledas de pinos oscuros con el suelo cubierto por una gruesa capa esponjosa de pinaza. Cuando los aviones sobrevolaban, todos los niños se excitaban y dejaban de tironearse unos a otros para verlos volar. También había aviones en Montreal, pero no tantos. Llevaban a la gente para sobrevolar la ciudad por cinco dólares, pero a Madre nunca se le ocurriría dejarnos subir a semejante artilugio. Volar era para los héroes como Billy Bishop.[69]

Había un tranvía en Queen City Park, y una o dos veces lo tomamos para ir por la ciudad hasta Winooski, donde vivían los trabajadores. Los trabajadores eran como los pacientes de Padre, sólo que allí abajo vivían en casas mejores que las de los pacientes. Al atardecer las parejas de jóvenes paseaban por las calles polvorientas rodeándose mutuamente la cintura con los brazos, sus voces flotando suavemente en el crepúsculo, virando lentamente hacia un lado cuando un Ford venía resoplando calle abajo. Cuando había anochecido, el suave sonido de los botes de remos chapoteaba al son de las mandolinas, y por la ventana de nuestra habitación las luces del cobertizo donde se guardaban parpadeaban, encendiéndose y apagándose. Una borda golpeaba el embarcadero mientras la luna, inalterable, ondeaba sobre las cálidas aguas.

En el verano del 22, la enorme locomotora del D&H[70] tiró de nosotros cuatro —Madre, Tía Esther, Hermana y yo— hacia el Sur al mágico imán de Manhattan. El D&H era diferente del Canadian Pacific. Ahora íbamos en un coche cama: Hermana y Esther arriba, y Madre y yo abajo: me daba más vergüenza el baño del compartimento que dormir junto a Madre. No había mucho tiempo para dormir de todas for-

---

[69] NEF: El mariscal del aire William Avery «Billy» Bishop fue el mayor as de la aviación canadiense durante la I Guerra Mundial.
[70] NEF: La *Delaware and Hudson Railway* es una compañía ferroviaria del nordeste de Estados Unidos.

mas, con el cambio de máquinas y después el amanecer sobre el majestuoso y lento Hudson moviéndose gris sobre el ancho de la garganta, sus pesadas aguas río abajo hasta el mar espumoso. Y justo entonces emergían ante ellas las torres brumosas y enjutas que dan la bienvenida a todos los que viajan en busca del Santo Grial.

Nos quedábamos en el Hotel Avalon, en Beach con la calle 33 en Edgemere, Long Island. Conocimos a algunos de los otros huéspedes: una familia que tenía un aparato maravilloso, una radio de siete tubos; una señora mayor muriéndose de cáncer de huesos que se quejaba todo el día y la mayor parte de la noche; un cajero que involuntariamente sorprendió al propietario del hotel completamente desnudo en su oficina, lo cual provocó cuchicheos en el comedor durante toda la semana siguiente; y un niño llamado Lester Rand de Tennessee.

Aprendí muchas cosas en el Hotel Avalon. Aprendí sobre la arena y las rocas y el mar, qué tacto tenían y qué aspecto y a qué olían. Aprendí lo que era un resostato, y a escuchar la radio. Aprendí que «la ciudad» quería decir Nueva York, y no Montreal. Pero sobre todo aprendí sobre sexo y peleas. Ese año ya había aprendido por un compañero de clase sobre el sexo canadiense, que era, increíble pero incuestionablemente, lo que los padres hacían para tener hijos (aunque Archie Masserman al otro lado de la calle negaba imperturbable que sus padres jamás hubieran hecho semejante cosa). Pero aquí en Edgemere había un tipo de sexo estadounidense.

La familia de la radio tenía una hija de diecinueve años, y una noche un chico llamado Hal vino a por ella a la casita en la que se quedaban los Radio, pero sólo la madre estaba allí. Se consoló llevando a dar un paseo a los dos hermanos menores de ella, y yo me uní. Ya en la playa nos mostró los condones que había traído con el propósito de practicar el sexo con la hermana mayor. Yo no sabía lo que era un condón, o que esas cosas siquiera existieran pero me lo explicaron, y así fue como aprendí sobre el sexo al estilo estadounidense. Cuando volví a casa, esta mundana sabiduría inmediatamente me situó al mismo nivel que los mayores de la calle. Habían oído hablar de los condones, pero nunca habían visto uno, y yo me pavoneé entre ellos con el carisma de haber tocado uno de los míticos objetos en su plena realidad y de conocer personalmente a la chica con la que iba a ser usado.

La pelea ocurrió de la siguiente manera. Lester, un chico de Tennessee con una camisa kaki y pantalón corto tenía el irritante hábito de agarrar la barbilla del chico con el que estuviera discutiendo; lo hacía sólo para enfatizar su argumento, pero no me gustaba que se me tratara de esa forma. Así que una vez estábamos discutiendo sobre algo en la sala de billar y Lester me agarró por la barbilla y yo perdí los estribos y le di un puñetazo en la cara. Lester dejó caer su mano y se retiró, pero después bajó la cabeza y arremetió contra mí moviendo ambos puños. Me mantuve firme como una espada cordobesa. Cuando Lester se lanzó hacia mí, esperé hasta el último segundo, y entonces di un paso al lado con serenidad; el boxeador de Memphis se empotró de cabeza en la pared. Aunque el K.O. fuera sólo técnico, fue el único combate que he ganado nunca.

Religión

A la edad de seis años me habían llevado a la vieja sinagoga en la Avenida de McGill College donde Madre había organizado una escuela dominical cuando tenía dieciocho años. Era un edificio desmoronado con puertas dobles de un gris verdoso y largos bancos corridos, lleno de haces de luz en los que bailaban innumerables partículas de polvo milenario. Los hombres se sentaban abajo en el foso y las mujeres en las galerías laterales elevadas sobre pilares. Tímidamente tomé asiento en la fila de atrás donde otros niños no paraban de moverse. Los hombres musitaban y murmuraban y gritaban y entonces todos, hombres y mujeres se levantaban a rezar en alto los himnos de Dios. Sólo sentí una pequeña conexión con las extrañas e incomprensibles palabras, y también me sentí señalado porque no llevaba el pañuelo de seda con las borlas sagradas, como los niños que se sentaban en medio de la congregación. En esta casa los judíos adoraban a Dios en hebreo, aunque de manera familiar e informal, en los huecos que había entre los responsos formales.

En casa no se discutía mucho sobre Dios, sólo lo suficiente para que supiéramos que, entregándose a los humanos, mis padres estaban sirviendo al Señor. El trabajo era importante a los ojos del Señor, se daba por supuesto sin necesidad de mencionarlo *Ad Maiorem Gloriam Dei*, el tranquilo deber de aquellos que habían servido al mismo Maestro durante muchas generaciones y cuyas acciones estaban registradas en el Libro. Ocasionalmente, Padre decía una cita del Libro. Estaba David, Rey y héroe, y después Hillel su descendiente, el sabio y justo babilonio, en cuya memoria mi padre recibió sus nombres. Y estaba Sarah, de quien Madre recibió su nombre, sólo que Madre en realidad se llamaba Sarah por Bernhardt, la Divina Sarah. La Biblia también daba miedo porque en los tiempos antiguos si golpeabas a tu madre, te lapidaban.

El Jardín del Edén estaba lleno de arroyos y árboles, pero Adán y Eva comieron la fruta prohibida y el Señor les dio hojas de parra y los expulsó y bajaron al río a bañarse. Abel trajo un ternero gordo y Caín se puso celoso y le golpeó con un palo y tenía una marca negra en la frente. Noé construyó el Arca y metió dos de cada, incluso hipopótamos, y la paloma voló sobre las aguas y el Arca se posó en el Monte Ararat y todos salieron y empezaron a tener bebés tan rápido como pudieron. A José le dieron un abrigo de muchos colores, y lo arrojaron en una fosa y él interpretaba los sueños del faraón y le decía lo que significaban. Escondieron a Moisés entre los juncos en un pantano un día cálido en el que brillaba el sol. La hija del faraón vino y lo encontró y las plagas fueron a peor y a peor y comieron malvaviscos[71] en el desierto. Y entonces, ¡pumba! ¡Ahí estaban David y Goliat y Salomón en toda su gloria! Dalila cortó el pelo de Sansón y los filisteos le sacaron los ojos, pero él derribó los pilares del templo y éste se derrumbó. Daniel interpretó los sueños del Rey y se puso en un horno, como el de abajo, y había un poema en la pared, *Mene Mene Tekel Upharsin.*[72] La voz de la tortuga se oyó en toda las tierras, sólo que las tortugas no hablan ni cantan, aunque todo sonaba muy bien porque había una mesa con un mantel blanco y objetos de plata junto al arroyo en la pradera verde, pero había que tener cuidado porque las tazas se volcaban.

Rezaba en hebreo todas las noches, pero no sabía lo que significaban mis oraciones. Madre me dijo que podía añadir cosas en inglés, como «Bendice a mi querida abuela», que estaba en el Cielo, y «Bendícenos a todos». Más adelante añadí otras cosas como «Bendice a mi querido Padre», «Que Esther encuentre un trabajo», y «No me dejes tener pesadillas». Finalmente intenté cubrir todo en la vida con un «Qué todo salga bien».

No iba a la sinagoga con mucha frecuencia, y pronto se mudaron a unas nuevas instalaciones de piedra más luminosas en Westmount, donde vivía la gente rica. Se llamaba *Shaar Hashomayim* que era como la calle Ste. Famille, porque tardé cuarenta años en darme cuenta de repente de lo que significaba. Las palabras se habían grabado de tal manera y me eran tan familiares que nunca se me ocurrió traducirlas. Cuando finalmente lo hice, tuve que reírme por la incon-

---

[71] NEI: *Marshmallows* en el original. Golosina esponjosa que probablemente se refiere al maná que recibieron los hebreos en el desierto.
[72] NEF: Palabras escritas por una mano misteriosa en la pared del palacio de Belshazzar, y que Daniel interpretó como la pérdida del rey y su dinastía.

gruencia de vivir en la calle Santa Familia e ir a la sinagoga de Las Puertas del Cielo. La vida está llena de sorpresas como ésa.

Después de que Padre muriera, iba todos los días justo antes de la puesta de sol a otra sinagoga a la vuelta de la esquina para decir las oraciones de luto. Primero era el servicio de la tarde, y yo me iba a la parte delantera ante el púlpito y me ponía en fila con los otros dolientes, dando un paso atrás al decir las palabras de la última parte, de acuerdo con el antiguo ritual. Yo era el único niño, y entre los dos servicios me quedaba de pie solo, dentro en invierno, con la mirada discretamente baja, fuera en verano en la acera entre el olor de los arces y la contemplación de los viandantes.

Los ancianos píos que formaban el quórum sabían quién había sido mi padre, y me recibían silenciosos aceptándome como uno de ellos, aunque sin muestras externas de camaradería. Había aprendido a leer un poco de hebreo de los libros que me había dado mi abuelo materno, pero era inútil que intentara seguirles al son de sus practicadas entonaciones. Con dificultad mascullaba algunas frases aquí y allá y pasaba la página de mi libro de oraciones en el momento adecuado. Hacía todo esto como un acto de pura devoción, o quizá como penitencia para mi padre, y curiosamente no sentía curiosidad sobre el significado de lo que estaba diciendo; ni una sola vez leí la traducción al inglés impresa en cada página.

Los sábados por la mañana iba al largo servicio del Sabbath que tenía lugar en el salón principal de la sinagoga. En un momento dado del servicio, un niño bebía de un cáliz de vino y muchos Sabbath[73] me llamaban al frente en la congregación y me daban la enorme copa plateada llena del purpúreo líquido. Mientras estaba ahí parado, pensando en Ulises y los Argonautas navegando hacia el mar Homérico, el rabino

---

[73] NTE: *Sabbath* se dice igual en singular y en plural.

me indicaba cuándo debía beber, y yo tomaba generosos tragos del dulce licor, hasta que el servicio había terminado y yo estaba tan contento como un sátiro sentado en una piedra bebiendo de un odre la luz de la luna de Arcadia. Con tales episodios de sagrada jovialidad pasó mi año de luto.

La Confirmación[74] marcó el final de mis actividades religiosas formales. Para entonces Madre había aceptado un trabajo como directora del ala femenina de un Centro Comunitario Judío, y esto la mantenía ocupada todas las noches de siete a diez. De nuevo podíamos tener una criada, pero no era nada parecido a cuando teníamos a las Dubonnets. Sólo venían desde mediodía hasta las 8.00 p.m. y las chicas cambiaban rápidamente. A veces la criada no era mucho mayor que yo, y entonces jugaba con Hermana y conmigo como si fuera una hermana mayor. La guapa Inga Hanson era una de éstas: una sueca rubia de dieciséis años y con una buena arboladura[75] que se pavoneaba de no haber rechazado nunca un desafío. Mi hermana y yo la miramos con asombro mientras se tomaba una cucharada de sal, se fumaba una colilla y se metía en un baño caliente con la ropa puesta (por supuesto, todo ello después de que Madre se hubiera ido al trabajo). El baño caliente finalmente nos convenció, y nunca volvimos a desafiarla a que hiciera nada más.

Siendo semi-huérfano, tenía que confirmarme en mi duodécimo cumpleaños y no en el decimotercero. Mi madre contrató a un maestro de hebreo que me enseñó los versos

---

[74] NEI: A los trece años de edad se celebra el «Bar Mitzvah» o «Hijo del Precepto», por el que se entra a formar parte de la comunidad de los adultos. Se puede decir que es equivalente a la Confirmación católica.

[75] NEE: *Square-rigged* es un término náutico. Literalmente se refiere a las velas cuadras, propias de los veleros antiguos y de gran eslora. Lo he sustituido por esta otra expresión para darle sentido a la frase en español, como también podría serlo «con un buen mascarón de proa». Por si me equivoco en el sentido real que el autor quería usar, dejo constancia mediante esta nota de estas disquisiciones.

de la Biblia que yo debía entonar ante la congregación cuando llegara mi turno. Aprendí las frases y los signos tonales y memoricé el canto, y por fin ya estaba preparado y fui a las Sinagoga de Las Puertas del Cielo para un ensayo privado ante el rabino. Me pusieron el texto por delante, pero no necesitaba mirarlo. Recité bien y sin cometer ni un solo error. Pero el rabino tenía un aspecto grave. «¡El tono no es correcto!» declaró, y cerró el gran libro con estrépito. Según parece mi maestro pertenecía a una secta diferente, así que nunca me confirmé delante de la congregación.

Aunque la piedad que yo tenía (más bien un respeto infantil por las tradiciones que una devoción real) se vio reducida a cero por esta experiencia, seguí asistiendo a la sinagoga ocasionalmente, sobre todo porque no había ninguna otra cosa que hacer los sábados por la mañana y porque me hacía sentirme hombre. También asistía a la escuela dominical donde yo era un alma solitaria, lo cual yo atribuía, al menos en parte, al estatus social de mi familia, ya que los otros eran todos chicos ricos y para mí bastante estúpidos.

Cuando tenía dieciséis años la escuela dominical acabó y yo me despedí de la sinagoga de Las Puertas del Cielo a la que nunca volví a aproximarme, aunque una vez al año decía una oración por Padre y más tarde por Madre; puede que lo hubieran querido así, y yo no iba a ser negligente con su memoria debido a mis propias opiniones, o porque en una ocasión aprendí la entonación equivocada.[76]

---

[76] NEE: Si en una nota anterior hablábamos del concepto de «permiso» en el AT, en esta ocasión tenemos un ejemplo de la otra cara de la moneda, el mandato (*injunction*). El primero indica qué puede y qué no puede hacer, dejando a la persona esa libertad restringida. El mandato es un imperativo, normalmente expresado en forma negativa: «No hagas tal cosa», «Los Pérez siempre hemos sido así», «Nunca vayas a esa clase de locales», etc.

En un momento dado solía asistir a la Sociedad de las Juventudes Populares en el Templo de la Reforma. El rabino de la Reforma solía decir: «Puede que yo sea el rabino, pero sé algunos chistes que no son *Kosher*», una seducción que tanto mi madre como yo considerábamos cínica y carente de gusto. Este rabino no estaba tan bien educado en los clásicos hebreos como lo estaban sus colegas más ortodoxos y conducía la mayor parte de los servicios en inglés, pero sabía cómo dirigir una sociedad de juventudes populares. Sus juventudes eran menos provincianas que las de Las Puertas del Cielo, y allí es donde conocí a mi primera novia de verdad, Dolores Delmar. Pero mi madre y yo coincidimos en un sentimiento tácito de que había cierto desaliño entre la opulencia, y cierto aire de conveniencia que nublaba la piedad de aquel templo en aquel momento. Sentíamos lo mismo en relación con los *modernos* clérigos protestantes, que sabían dirigir clubes juveniles, pero no sabían latín, griego ni hebreo.

Ninguno de nosotros se molestó en leer *Babbitt*,[77] ya que la tesis que proponía nos parecía explícitamente evidente y no necesitábamos regodearnos en los detalles. Pero sí leímos *Elmer Gantry*,[78] quizá para reafirmarnos en que no estábamos resultando unos estirados en relación con la actual cosecha de clérigos; mi hermana también se puso al día leyendo el *American Mercury* [79] cuando llegó a una edad prudente.

---

[77] NEF: *Babbitt* es una novela de Sinclair Lewis (1922), y que esencialmente es una sátira de la cultura, de la sociedad y de los comportamientos norteamericanos. Critica el vacío de la clase media estadounidense y la presión que se ejercen entre ellos.

[78] NEF: Otra novela satírica de Sinclair Lewis (1926). Trata de un delincuente que, con un evangelista, va «vendiendo» la religión por pequeños pueblos de Norteamérica.

[79] NEF: Una revista norteamericana publicada de 1924 a 1981, en la que aparecían publicados los escritores más prestigiosos de Estados Unidos.

Los Boys Scouts Canadienses

Yo no era elegible para unirme a la 14ª tropa del Montreal High School de los Boys Scouts Canadienses porque era sólo para protestantes, así que me uní al 40° del Barón de Hirsch. El Barón de Hirsch hizo su fortuna en la década de 1880 construyendo ferrocarriles en Turquía y en los Balcanes, y especulando con azúcar y cobre, y se la gastó en filantropía. Incluso donó las ganancias de su asombrosa potrilla, *La Fleche*, a los hospitales de Londres. Estaba representado en Montreal por un feo edificio de piedra gris, el Instituto Barón de Hirsch, que era la central de una serie de organizaciones benéficas. En el sótano había una especie de salón de baile donde se reunían los Scouts y contiguo al salón de baile había otra habitación a la que se podían retirar los tambores y cornetas de la banda del 40°.

Pronto ascendí de novato a líder de patrulla, y fue en ese desmoronado centro filantrópico donde por primera vez experimenté la política, el liderazgo y el trabajo social. La política consistía en maniobrar para conseguir el mayor número de reclutas cultos para mi patrulla, a la cual dirigía con éxito. El liderazgo consistía en asegurarme de que mi patrulla era la mejor en todo, y eso también me salió bien. El resultado directo de esto era el trabajo social. Un día el maestro de los scouts, A.M. Ravitch, me apartó del grupo en el que estaba haciendo nudos para departir conmigo en la plataforma. Mr. Ravitch me confió que había un niño huérfano, Jim Jassby, que se había estado metiendo en problemas, y las autoridades pensaban que los Boy Scouts podían ayudar a enderezarlo. ¿Me gustaría incluirlo en mi patrulla, que tan buenos récords tenía? Saludé hábilmente con tres dedos y dije: «Síssseñor» y fui a contárselo a Billy y a Seymour y a los otros chicos.

Jassby se incorporó la semana siguiente y todos nos unimos para acompañarlo durante su periodo de novato y hasta su segunda clase. Después el año escolar terminó y nunca volvió. Ninguno de nosotros supo ni preguntó qué había sido de él, pero Mr. Ravitch parecía satisfecho con lo que habíamos hecho.

En cierto modo, la situación en el 40º era un poco como la de la aristocracia británica. Todos sabíamos no sólo sobre los demás, sino también sobre los padres y abuelos de los demás, y cada uno de nuestros ancestros formaba parte importante de nuestras credenciales. Así que todos pertenecíamos a la misma comunidad, y no había necesidad ni provecho en intentar impresionarnos unos a otros, o incluso a otras personas. Esto nos permitía emplearnos en la tarea que había que hacer sin malgastar tiempo alguno en camaraderías y otras cosas superfluas. La cosa era: Si Tú Estás Bien, Todo Está Bien, y Yo Estoy Bien, así que sigamos con los nudos.[80]

Los Mugwumps[81]

En verano aquellos que eran solventes y libres iban al Campamento Maracou a los Mugwumps, y ¡Oh!, los misterios que tenían lugar en esos ritos de pubertad a la luz de las fogatas en los bosques siempre verdes[82] de los montes Laurentinos. Primero los Hierofantes[83] o personas mayores, y después de ellos los Éforos[84] o aquellos que sabían los secretos, escrutaban el místico lugar para cerciorarse de que no se

---

[80] NEE: El concepto «Estar Bien» (*To be Ok*, en inglés) es central en el AT, siendo representativo de éste en varios países.
[81] NEF: Los *Mugwumps* son unas criaturas imaginarias evocadas en *El almuerzo desnudo*, de W. S. Burroughs.
[82] NTE: *Evergreen* significa tanto siempre verde, como árboles de hoja perenne; lo he traducido como siempre verde porque me ha parecido que el tono del párrafo es más poético o evocador que técnico.
[83] NEF: Sacerdotes que presidían los misterios de Eleusis y de algunos otros templos de la Grecia antigua, y que enseñaban las cuestiones sagradas a los iniciados.
[84] NEF: Cinco magistrados elegidos anualmente por el pueblo de Esparta con poder ejecutivo, judicial y disciplinario.

perdía nada ni nadie, y a la hora convenida el portador de la linterna prendía la enorme pira, que lanzaba tremendas llamas hacia el cielo estrellado. Entonces algunos de los éforos bajaban por el camino por el que los candidatos se aproximarían y se escondían entre los arbustos. Los candidatos, aquellos que aún no habían sido iniciados, estaban esperando al borde del bosque, y cuando llegaba la señal, eran enviados abajo uno por uno, camino del jardín iluminado por la luna, donde se les zurraba con tablones de madera y se les asustaba con repentinas apariciones fantasmagóricas.

Cuando todos estábamos reunidos alrededor de la fogata sentados en el suelo de pinaza, había una *demonfest* en la que chicos con el torso desnudo y antifaces bailaban salvajemente alrededor de las llamas. Después se hacía el silencio, y el propio Gran Mugwump en persona, el jefe de los hierofantes, comenzaba a juzgar. El festival tenía lugar cerca del final de las dos semanas de campamento, y para entonces todos sabíamos quiénes eran los pomposos y los odiosos entre nosotros. El Gran Mugwump los invocaba, uno por uno, y con saltos repentinos los demonios se cerraban sobre ellos según se les iba nombrando. Se les rasgaban las camisas, se les embadurnaba de gachas y de aceite de motor, y los tiraban a las aguas del Lago Maracou envueltos en sus indignados resoplidos y coreados por las exclamaciones de alegría y deleite de sus compañeros. Así, uno tras otro, los charlatanes y los abusones del campamento recibían su merecido, y nadie sabía quién sería el próximo. Muchos scouts regresaban de los Mugwumps desilusionados porque no se le habían hecho los honores. Lo mejor después de ser un buen chico era ser uno malo, porque ¿quién quiere no ser nada?[85]

---

[85] NEE: Referencia clara a lo que Berne denominó hambre de caricias. Una «caricia» es la unidad de reconocimiento humano, y todos las necesitamos para nuestra supervivencia. Dada esa necesidad, esa hambre de reconocimiento, si no se consigue un reconocimiento positivo, se buscará ese reconocimiento, esas caricias, de forma negativa. Dentro del AT,

Nuestras tiendas de campaña se montaban sobre tablones en el suelo, y rellenábamos nuestros camastros con paja fresca del granero. Cada patrulla tenía una fogata, y cocinábamos dos de nuestras propias comidas diarias y lavábamos nuestros propios platos en las frías aguas de la montaña. Al atardecer, después de los saludables deportes del lago y el bosque, nos reuníamos alrededor de la bandera con las tropas desfilando formalmente. Los cornetas se reunían para tocar el *Royal Salute* (Saludo Real) mientras la *Union Jack* bajaba lentamente. Entonces marchábamos tropa a tropa al gran comedor para la nutritiva cena que había preparado una cocinera de carne y hueso. A continuación estaba el entretenimiento de la noche.

Yo intentaba cuidar bien a los chicos de la patrulla de los lobatos[86], volteando todas las mañanas tortitas salidas de una caja de *Aunt Jemima* y aleccionándolos torpemente sobre las maldades de la masturbación. Aquí fue donde primero se manifestaron mis cualidades de papanatas, que habían de ser tan espectaculares durante mi carrera universitaria. Estas dos semanas eran el momento ideal para conseguir medallas por méritos. Había varias por temas relacionados con la salud, y el lago estaba ahí para conseguir las medallas de agua. Yo prefería el bosque. Allí pasé todos los requisitos del campista excepto el de construir un refugio, así que una mañana me llevé mi hacha al bosque y estaba cortando ramas de hoja

---

es una de las motivaciones de los juegos psicológicos. Un ejemplo: En una fiesta en su casa, es probable que de su círculo de amistades usted ya sepa quién derramará las copas o quemará la alfombra con el cigarrillo. Es el «torpe» que juega a *Schlemiel*, quien cometerá una torpeza tras otra aunque sólo sea para asegurarse así de que los demás asistentes se percaten de su presencia. Pedirá perdón a sus anfitriones y éstos se lo otorgarán por educación; el «torpe» habrá conseguido su propósito inconsciente: una buena ración de caricias negativas.

[86] NTE: *Fox* en inglés es Zorro, pero lo he traducido por Lobato, que sería el rango correspondiente en los Boy Scouts de España. Más adelante hay con esto un problema de traducción.

perenne para el tejado cuando vi que había un viejo refugio cerca que estaba bien techado. Sistemáticamente comencé a transferir ramas del viejo refugio al nuevo y justo cuando acabé otro scout vino al claro del bosque con un jefe de tropa. Pronto me di cuenta de que el refugio que yo había desmantelado no era uno viejo, sino uno que había sido construido esa misma mañana por el otro chico, que ahora traía al jefe de tropa para que lo inspeccionara. Después de algunos momentos de desconcierto, el chico se encogió de hombros preocupado, y él y el jefe de tropa se fueron. Una típica escena de reserva canadiense en la que ninguno de nosotros dijo nada ni trató de clarificar la situación. No se había hecho daño alguno, ya que el otro chico volvió a la mañana siguiente y recuperó sus ramas. Pero no me cupo duda de que Frank Nugent hubiera admitido su culpa, así que una vez más había fracasado al no estar a la altura del curso de Greyfriars.

El Jovencito Atrevido y su Letrina Privada

Estamos satisfechos, estamos satisfechos,
Ya que Mrs. Wilson nos trae alegría.

Mrs. Wilson era la cocinera del campamento de las chicas que Madre dirigió durante varios veranos. El Campamento Carefree era una vieja granja cerca de las orillas de un lago lleno de cañaverales, con una sola fila de tiendas de campaña que se extendía lejos prado abajo detrás del comedor, donde la carretera polvorienta con sus áridos surcos apuntaba allá por encima de los montes hasta el pueblo de Ste. Agathe entre las montañas. Madre, Tía Esther, el doctor del campamento Shepho Samuels y yo dormíamos en una casita no lejos del comedor. Madre se permitía algunos pequeños lujos, como tomar bacon con los huevos para desayunar, lo cual era un secreto porque se supone que no se podía comer bacon en un campamento judío.

Esas comidas sencillas y agradables bajo el caluroso sol Laurentino son lo que mejor recuerdo. Cincuenta voces virginales, sentadas a lo largo de las mesas de picnic en el comedor, daban sus armoniosas gracias después de cada comida. El comedor era un granero rehabilitado, el exterior de un gris descolorido por las tormentas de invierno que nosotros nunca veíamos, el interior luminoso y diáfano con vigas altas. Las chicas, de entre trece y dieciocho años en general eran o bien delgadas y enjutas de los inviernos en Montreal o suavemente redondeadas por sus cálidos veranos. La mayoría asistía al campamento con un subsidio, aguantando con modesto decoro tres golpes canadienses en su contra: eran chicas, eran judías y eran pobres. Pero algunas eran huéspedes de pago, hijas de pequeños comerciantes que no podían permitirse el campamento de Adirondacks. Las consejeras eran universitarias de buena familia.

Todas caminaban atravesando el rocío de la mañana hacia el desayuno y comían al son matutino de los grillos; venían paseando al almuerzo desde el lago y los campos de juego, cada músculo tenso de vitalidad juvenil bajo la transpiración de la piel; y para la cena, limpias y refrescadas, estaban deseando que llegaran las fogatas y canciones de la noche. Éste era el aire fresco de la montaña que Padre tanto admiraba en los primeros años, esa atmosfera que aún no había sido envenenada.

El único problema eran las letrinas. No había suficientes para todos, y todas las mañanas después del desayuno había largas filas de niñas en cada una. Me daba vergüenza hacer cola con ellas, y más aún cuando llegaba mi turno. Pronto resolví este problema cuando me encontré un cajón de madera que puse en la profundidad del bosque en el lado de la montaña. Allí al aire libre podía despacharme a placer, solo con los pájaros y la brisa y el cielo de un azul profundo.

Después de la emoción, me unía a las niñas en beisbol o fútbol[87], y especialmente en el agua, donde yo había progresado de hacer las alitas a nadar como un perrito y a hacer brazas, y por imitación, hasta el nado lateral, de espaldas y mariposa. Mi ocupación favorita era tomar la vieja lancha de remos *Vercheres*[88] y remar por el verde litoral, parando ocasionalmente para subir a una loma e inspeccionar el campo cubierto de tréboles.

También, por supuesto, estaba la Tienda 5, que era la Patrulla de las Castor[89] del Campamento Carefree, un selecto grupo de Dríades[90] de pedigrí, guapas, inteligentes y virtuosas, atractivas y traviesas sin ser malas. Una vez, haciendo senderismo, asaltamos una cabaña abandonada, y las cuatro me provocaron para que las besara; yo acepté el reto tímidamente, y después se fueron dando saltitos al sol a llenar sus cubitos de frambuesas maduras para la cena del campamento, entre risitas al verse los dedos teñidos de rojo sangre por el zumo de las bayas y sobresaltadas cuando veían sangre de verdad porque se habían herido con los tallos espinosos.

Mi castidad no era sencilla. En primer lugar era timidez, el temor a la revelación. Después era templanza, el miedo al exceso y el deseo de no hacer daño. Había algo de amor propio, de temor al rechazo; la aprensión y el miedo a las consecuencias desconocidas. Había algo de intransigencia, el caer en la tentación sólo de aquella mujer que apaciguaría

---

87 NEE: Se refiere al fútbol americano. El manuscrito original incluye muchas páginas sobre este deporte que, al parecer, fascinaba al autor.
88 NEF: Embarcación de madera de fondo plano y con una quilla, que en tiempos sirvió de transporte y ocio a los habitantes de localidades diseminadas a lo largo del río Saint-Laurent, entre Montreal y Sore.
89 NTE: En el original, *Fox Patrol*. No creo que haya una sola familia hispanohablante que enviara a su hija a la Patrulla de las Zorras. En las Scouts de España equivaldría a «Castor».
90 NEF: En la mitología griega, ninfas de los árboles en general, y de los robles en particular.

todo lo anterior. Pero todos éstos eran pensamientos incompletos. Más explícito era mi deseo de no avergonzar a Madre, sobre quien al final caería cualquier escándalo que sucediera.

Pelear

Durante mis días en el Montreal High pasaba cada hora en manos de algún maestro, los altos y erguidos y los barrigudos de barba gris, los bajitos que arrastraban los pies, los achispados desaliñados y los huesudos de labios fruncidos, los excéntricos y los locos como cabras, algunos ciudadanos normales, y algunos a los que nadie recordará en absoluto. Tenían nombres como Whiskey Ross, F. Postle Maybee y Cuckoo Inverness («Rompe, rompe, rompe, sobre las frías piedras grises, ¡Oh. mar!»[91] gritaba, fijando la mirada en un niño imaginario tras la ventana), Porky Delabruyere, el único maestro del que se decía que era amoroso, el rechoncho Cushy Creighton[92], al que le gustaba pellizcar a los niños. El único que nos hacía sentir incómodos era Mr. Waterspoon, un joven profesor recién salido de Inja[93], que ponía los pies sobre la mesa y nos contaba chistes y anécdotas orientales, y aunque nos encantaba, no sabíamos si respetarlo o no. Sólo había una mujer en el claustro, una asistente de química llamada Miss Barker.

Yo conocía a algunos de los chicos de Rutland, pero la mayoría eran nuevos. Había atletas, como Don Highlands, el corredor más rápido de la escuela; y Llewellyn «Rayo» Lloyd, el intrépido prodigio del water polo. Y estaban los personajes como Well Willie Wiston, el emigrado escocés de 11 años

---

[91] NTE: Versos de un poema de Tennyson.
[92] NTE: Estos nombres son casi todos motes con algún significado más o menos jocoso sobre los profesores.
[93] NEF: Otra broma de Berne: *Inja* es la pronunciación que utilizaría un «verdadero» *gentleman* inglés para referirse a la India.

que sabía más latín que los chicos de sexto; Cowie Stacker, que siempre se ponía el abrigo y la corbata antes que los pantalones en el vestuario; el inasfixiable Ernie Dumfries, que se ponía una toalla alrededor del cuello y dejaba que dos chicos tiraran de cada extremo; y Duncan McPhee, el chico más gracioso de la escuela.

Stan Kesselbrenner era uno de los olvidables hasta el día en que vino a la escuela luciendo en la solapa una flor que lanzaba agua, y en el recreo me dijo que la oliera. El chorro me dio justo en el ojo y me alejé con un buen derechazo a la mandíbula de Kesselbrenner. Esto hizo que el Código se pusiera inmediatamente en marcha. Los demás chicos se amontonaron alrededor y la pelea se fijó para aquella tarde a las 3:30 en el gran baño del sótano.

Me sentí muy solo cuando llegué y vi a la muchedumbre apoltronada expectante en las losetas blancas. Cowie Stacker se hizo cargo y nos adjudicó un ayudante a cada uno. Los espectadores formaron un círculo, Cowie gritó «¡Gong!» y empezamos la pelea en el centro. No me atreví a dar el primer golpe; quería que Kesselbrenner marcara el nivel. Tenía la esperanza de que él tan sólo me diera un golpecito. Pero me embaucó y me plantó un buen golpe en el hombro. Metí baza, pero contuve mis golpes intentando convertirlo en un combate ligero.

Marnie Bowen de pronto gritó «¡Oye, no te rodees el pulgar con los dedos o te lo romperás!», y cuando estaba sacando los pulgares fuera de los dedos, Kesselbrenner me plantó un izquierdazo en la napia haciéndome sangrar a base de bien. Bajé los brazos y empecé a llorar. Salí de allí solo y vencido, ponderando cómo verle el lado positivo. Pero después de algunos días empecé a sentirme bien al respecto. A pesar de mi ineptitud, aún estaba por encima de aquellos chicos que nunca habían tenido una pelea de sangre.

La pelea con Kesselbrenner fue el punto álgido del tercer curso. La tranquilidad de mi segundo año sólo se vio rota por las ambiciones sociales de Madre. Ella pensó que sería edificante para mí obtener una beca para ir al Upper Canada College. Acepté esta propuesta sin entusiasmo, ya que pensé que probablemente, a no ser que yo ejercitara un grado de circunspección poco apetecible, me implicaría con frecuencia en trifulcas con los hijos de los ricos, presbiterianos de Toronto que no verían con buenos ojos ni mi pobreza ni mi religión, ni probablemente mis aptitudes escolares. Por otra parte, el cambio prometía viajes y aventuras, y yo nunca había estado solo lejos de casa salvo en el Campamento Maracouta. Así que lo hice lo mejor que pude en las pruebas, pero una de ellas era leer en voz alta y el resultado no fue del todo favorable, así que perdí la beca. Eso me liberó para poder seguir adelante con mis planes de publicar el periódico de mi clase, que yo escribía e imprimía solo. Pero debido a mi falta de tacto y de asesoramiento editorial, el periódico causó una impresión desfavorable en mis compañeros de clase, y cesó después de un número, permitiéndome así dedicar mi tiempo a temas más importantes.

Aunque yo era bastante autosuficiente, mi relación con los demás chicos consistía principalmente en intercambiar bromas ocurrentes. Con frecuencia me juntaba después de la escuela con Robert Lever, un vecino. Los Lever, que eran irlandeses, vivían detrás de su tienda de comestibles en el gueto. Con el tiempo, Bobby se unió a los cadetes y se convirtió en corneta; me enseñó el Saludo Real, el Despertar, A la Faena y Asamblea, melodías todas que yo tocaba en la vieja corneta que el Tío Mike había traído de Flandes.

Masturbación

Bobby solía llevarme con él para pasear por los alrededores de la Iglesia Presbiteriana. Pero se pasaban todo el tiempo hablando de la masturbación, diciendo cosas como «No hay nada que hacer por aquí más que irse a casa y cascársela» o «Míralo, perdió la carrera por machacársela demasiado», y pronto dejé de salir con esa pandilla.

132

Como tema científico, sin embargo, la masturbación era de considerable interés para mi más inteligente círculo de acompañantes. En Greyfriars y St. Jim's esos potentes centros de cristiandad tan gráficamente representados en el Magnet y en Gem, lo llamaban «bestialidad», algo en lo que ni Tom Merry ni Frank Nugent tomarían parte. Más cerca de casa, había un chico bajito llamado Xavier, que solía masturbarse para la educación de la calle Ste. Famille, pero nunca presencié ninguna de estas demostraciones. Parece que a Xavier le había enseñado este hábito un hombre mayor, cuando él tenía cinco años, y desde entonces así seguía.

Él atribuía su baja estatura a la práctica, y sus demostraciones iban acompañadas por un sermón sobre sus maldades.

Tuvimos uno o dos coloquios sobre el tema en casa, aprovechando la biblioteca médica de mi padre. Del *Manual de enfermedades de infantes y niños* de Ruhrah (Baltimore, 1906) aprendimos que «si el hábito se adquiere sin causa en la infancia temprana puede contemplarse como un estigma de degeneración. Puede ser instruido por niñeras mezquinas o por otros niños... Si la causa se elimina pronto, el pronóstico es bueno».

En los pesados tomos de Pfaundler (Munich) y Schlossman (Dusseldorf), se reportaba el caso de una niñita de seis años que mantuvo una masturbación excesiva durante años sin ningún efecto negativo para su salud general, lo cual mostraba que no está justificado el atribuir la palidez, la apariencia enfermiza, las ojeras y en general la disposición caprichosa a la masturbación. Este razonable y algo ambiguo reporte nos dejaba en un estado de duda entre el agotamiento del sistema nervioso y la ausencia de efectos negativos después de años de excesiva indulgencia. Visto en conjunto, parecía que lo que habíamos oído del equipo de remo de Oxford, que por lo visto se daba frecuentes duchas frías y usaban otros imaginativos métodos para evitar la excitación sexual tanto dormidos como despiertos, ofrecía un ejemplo que merecía la pena seguir.

Chicas

Las chicas pertenecían a mundos tanto extraños como familiares durante mis años escolares. Familiares eran la rectitud y lo irritantes que eran las hermanas menores, que llegaban al más riguroso nivel familiar de higiene y humor, ética, lealtad e inteligencia, pero que siempre estaban en medio, no comprendían los juegos de chicos, pedían su mitad del postre, no prestaban nada, pedían ayuda con los deberes en el peor momento, y se atrevían a leer libros que estaban muy por encima de lo que supuestamente comprendía una simple niña.

También eran familiares las bellezas de preescolar de la calle Ste. Famille, que accedían a asistir a oscuras sesiones de espiritismo en el sótano y que se iban moviendo el trasero con desdén si pensaban que las habías insultado. Extrañas eran las chicas de Rutland, que pasaban papelitos que contenían ladinos poemas y epigramas, «Si tú y yo estuviéramos solos, ¿lo harías?», y niñitas que se sentaban con las manos entre las piernas moviéndose voluptuosamente, cosas que quedaban sin decir excepto en susurros de los alumnos con menos tacto, en el recreo, o cuando un maestro gritaba «¡Deje de hacer eso!» con lo cual la ofensora desistía sólo para volver a ello distraídamente unos minutos más tarde.

En sexto grado estaba Natalie, que atraía a los niños como los tréboles al sol atraen a las abejas, su suave piel justo comenzando a florecer como una delicada rosa. Cada tarde iba por el pasillo al salir de la escuela, un dulce imán viviente que nos atraía detrás de sí como una fila de tiernas tachuelas, la procesión deshaciéndose sin palabras en la calle y manzana abajo hacia su esquina, donde la veíamos desaparecer dentro de una sencilla y decrépita casa encantada. Seguir a Natalie a su casa era probablemente el acto más romántico y

134

puramente estético que la mayoría de estos niños había hecho nunca, o haría después.

Emily era una chica de nuestra calle que Hermana trajo una vez a casa. Ella también estaba desarrollándose, pero en esta ocasión sentí una extraña agitación subterránea, y durante un breve instante, inundado por su presencia, vi por primera vez a una chica en todo su esplendor, una chica caminando liberada de los roles que la sociedad le había impuesto, una persona erguida y orgullosa por propio derecho. Fue algo que me tomó por sorpresa, una amenaza y una promesa de todo un nuevo universo.

El mayor misterio de la vida no es la muerte, que carece de sutilezas, sino la mente de un chico de doce años. No sólo es incomprensible para los demás, sino también desconcertante para sí misma. ¿Quién puede mirar a las profundidades de un capullo y conocer los secretos de su florecimiento individual? ¿Y qué capullo conoce las bendiciones que recibirá del cielo cuando abra sus pétalos?

En el año final de la escuela, conocí a Priscilla McGrath. Priscilla era una chica de trece años tan educada y bonita como cualquiera del barrio. La recuerdo vestida con un suéter blanco de cuello vuelto tejido por su madre viuda, con un lazo en el pelo, sonriendo alegremente y sin afectación, con las manos apoyadas relajadamente en el regazo, los tobillos cruzados y las rodillas juntas, encantadora más allá de lo imaginable.

Me invitó a su casa una vez con su amiga April, y la besé cuando April salió de la habitación durante un fatal instante. Pero Priscilla era demasiado modesta, demasiado amable y generosa para alguien tan malvado como yo, y me lo hizo saber amablemente, presentándome a Lila Whitestone, una rubia belleza despampanante que vivía en la casa de al lado. No obstante Lila, que era todo lo que un chico de trece años pueda desear, me aturdió con su atractivo y su despreocupada presencia. En cuanto a April, que tenía una sonrisa triste y cuyo cabello rojo era pulcro, pero no estaba tan bien peinado ni brillante como el de Priscilla, yo la quería y la seguía desde lejos. Podía sentarme y mirarle la nuca todo el día, el lazo algo torcido, ya que ella se sentaba delante de mí en la escuela. Pero la perdí al llegar la primavera y meter yo sus trenzas en mi tintero; después de la segunda vez me dijo que si lo hacía una vez más, nunca volvería a hablarme. Éste era un reto que ningún adolescente puede ignorar, y después verdaderamente no volvió a hablarme nunca más.

Fui a la primera fiesta «cariñosa» a los trece años; jugamos a girar la botella y después cuando las luces se bajaban, a la oficina de correos[94]. Equivocadamente creí que era necesario más vigor que sensibilidad, y traté de destacar besando más ruidosamente que los demás, uno de los primeros síntomas de esa incomodidad social que se incrementó gradualmente hasta llegar a su pico más exasperante durante mis primeros años universitarios.

En aquellos tiempos la incidencia de la virginidad tanto en chicos como en chicas de las clases respetables de Canadá era muy alta, y así permanecía hasta bien entrados los años universitarios. Su mayor virtud era la renuencia a afligir a los padres, reforzada por aquel epigrama[95] de una tal señora llamada Wilde, que se mantuvo intacta pensando en la religión, las enfermedades contagiosas y el miedo a tener un hijo. El orgullo y el miedo mantenía a las chicas lejos de los chicos, y el orgullo y el miedo mantenía a los chicos lejos de las chicas de la calle que abundaban en el distrito de las luces rojas y rebosaban hasta el área del hotel cercano al Instituto y la Universidad. Ningún canadiense educado emulaba a los estadounidenses que venían en parejas a beber un whisky decente y a tomar un taxi o trineo hasta Mount Royal entre

---

[94] NTE: Juego propio de las fiestas de adolescentes en el que el grupo se divide en dos y se van besando unos a otros.
[95] NEF: Véase *Sex in Human Loving*, de Berne.

arranques de cabriolas, o aquellos que venían en parejas a visitar los burdeles de la calle Cadieux.[96]

Los chicos del Montreal High tenían la misma actitud en relación con el sexo débil que los respetuosos chicos de Greyfriars tenían hacia la hermana de Billy Hunter, y no le robaban más tiempo al deporte que Tom Merry y sus compañeros del St. Jim. Cada uno de nosotros alimentaba su propia y ferviente soledad.

Deportes y Atletismo

El atletismo era algo en lo que uno se «implicaba» delante de otra gente. Los deportes eran cosas que se hacían por diversión, para notarte los músculos y el cuerpo moverse y girar, para ver cuán lejos, rápido o en línea recta uno podía ir. El atletismo consistía en juegos y concursos de los que la gente hablaba; el deporte sólo era para disfrutar. Para el grupo de alrededor del Gran Árbol Grueso, Bubbles y Larry y los demás, todo giraba en torno a Babe Ruth y Jack Dempsey,[97] mientras que yo aún estaba jugando al pillapilla: quién era el más rápido y quién encontraba el mejor escondite (los porches estaban prohibidos).

De acuerdo con Madre, yo estaba algo incómodo con mis músculos y se suponía que no debían hacerme daño; de acuerdo con Padre se suponía que yo no debía golpear a nadie excepto en defensa propia. Pero si golpeabas a alguien te la devolvían y eso dolía, así que no se me ocurría qué significaba realmente en defensa propia. El resultado neto de estas restricciones y conflictos era que me hacían algo torpe e in-

---

[96] NEF: Calle del barrio judío de Montreal.
[97] NEF: William Harrison «Jack» Dempsey: Boxeador americano campeón del mundo de los pesos pesados.

seguro, de forma que tenía que luchar no sólo con mis oponentes, sino también con las preocupaciones de mis padres.[98]

En el Instituto asistí a clases de gimnasia después de la escuela y me convertí en un buen gimnasta de la sección superior. Saltaba con las manos sobre una barra más alta que yo, hacía cambios, las tijeras, y saltaba el potro, las anillas y las barras paralelas, y podía subir la cuerda y balancearme sobre las espalderas. Pero todo eso era cosa de niños y yo envidiaba la sección de los líderes a los que entrenaban para dar vueltas en los columpios gigantes. Yo realmente quería ser líder, pero sólo a los protestantes se les permitía tomar parte en el entrenamiento especial de los sábados por la mañana que ello requería. Igual que no había maestros de instituto judíos, tampoco había líderes de sección judíos.[99]

Los equipos de fútbol de la escuela también eran protestantes, pero los equipos de las clases eran otro asunto, ya que todo quedaba entre amigos. Mientras que todos los demás chicos hacían las pruebas de *halfback* o de *quarterback*, yo enfoqué mis esfuerzos en la posición de *snap-back*[100], y conseguí entrar en el equipo,

El Montreal High no tenía campo de atletismo y las competiciones entre las clases se disputaban en el Hollow del Campus McGill, una hondonada rodeada de laderas de césped, que se usaba sobre todo para cricket en verano y para rugby británico en otoño. En invierno, la hondonada se

---

[98] NEE: Ejemplo de su concepto del estado del yo Padre y del efecto que causa en cada persona. Distinguía dos facetas principales, una protectora y cuidadora, pero también otra controladora y crítica.

[99] EB: En un momento dado la Comunidad Judía de Montreal llevó éste y otros temas relacionados a los tribunales locales y provinciales, y hasta el Tribunal Supremo en Ottawa, sin éxito. Entonces fueron al tribunal de apelaciones finales, el Privy Council en Londres. Sus señorías decidieron que aunque los judíos pagaban los mismos impuestos, asistían, después de todo, a escuelas del Comisionado de la Junta Protestante de Escuelas, y por tanto estaban sujetos a las normas que estableciera la Junta.

[100] EB: Corresponde a la antigua posición de centro.

llenaba de nieve, y cuando llegaba la primavera se derretía creando una piscina de barro que se helaba en las noches frías y se agrietaba en las mañanas bajo los rayos anémicos del sol de marzo. En primavera y en otoño estaba empapado en agua de lluvia. Fue en tal cenagal en septiembre que experimenté tanto mi mayor resbalón como mi cuasi triunfo cuando 6° A jugó contra 6° B en el otoño del 26. Los incondicionales de 6° A, incluidos Marnie Bowen, Skinny Lester, Cowie Stacker y Ernie Cumphries lamentablemente eran en el fondo todos estudiantes, mientras que frente a nosotros estaban los despiadados matones de 6° B: Duncan McPhee, Don Highlands y Otto Poppelreuter. Tenía las manos cubiertas de barro de la pelota empapada y cuando se me resbaló diez o quince chicos se amontonaron en la pelota intentando quitársela unos a otros. El árbitro pitó furiosamente a ambos equipos para que recuperaran el sentido común y el juego volvió a comenzar donde la pelota había tocado el suelo. Por mi culpa nuestro equipo perdió quince yardas, lo cual me mortificó terriblemente.

En el tercer cuarto, la estrella del colegio, Don Highlands, un corpulento celta de piel oscura, se adelantó corriendo hacia la línea de gol con el viento a favor. La mayoría de nuestro equipo se ahogó en su garfio de acero, excepto Dumphries que intentó doblegar a Highlands con un bloqueo frontal con el hombro y acabo de bruces en el suelo, y Stacker que intentó hacerle un placaje y aterrizó sobre su hombro izquierdo. Yo fui detrás de Highlands que volaba, y casi lo alcanzo, pero Highlands cruzó la línea de gol sin que le cayera encima una mano humana. Para mi sorpresa, mis compañeros de equipo me dieron palmaditas en la espalda y me felicitaron por mi espectacular carrera. Pero yo sabía algo que ellos no sabían: podía haber derribado a Highlands con un esfuerzo extra y un placaje, pero ninguno de nosotros estaba entrenado en placar, y me dio miedo arriesgarme; me había acobardado.

En verano eran patines; simples para los pequeños, con bolas para los mayores. Los patines de bolas eran milagros esféricos, porque una vez que empezaban nunca paraban. Agarrabas el patín del revés en la mano y ponías una gota de aceite en el mecanismo de las ruedas; después pasabas la palma de la mano por la rueda y *¡Uiiiii!*, giraba indefinidamente, o casi. Funcionaban igual en los pies. Metías los pies en las puntas delanteras, te abrochabas las correas por el empeine y *¡Bum!* salías disparado: una buena carrera y rodabas casi para siempre. Mientras más rápido ibas, más trucos podías hacer: saltos y volteretas y giros y vueltas. Para cuando tenía once años podía alcanzar una velocidad tremenda en patines.

Cuando tenía catorce, Tío Mike me regaló una bicicleta. Era una bicicleta Red Bird, la mejor de todas las bicicletas, pero Mike la había comprado de oferta y tenía otro nombre grabado, tal como yo podía demostrar si se me retaba a hacerlo, señalando con minuciosidad cada diferencia para demostrar mi postura, que era mejor que una Red Bird. Con mi propia bicicleta mi horizonte se expandió inmediatamente, y solía ir en bicicleta hasta Lachine e incluso hasta Model City. En Lachine planeaba entre los barcos y las grúas y la esclusa y me deleitaba en el ruido y los gritos y las precipitadas aguas. Model City, por otra parte, era una silenciosa isla de tranquilidad. Model City fue construida cuando el Ferrocarril Nacional Canadiense excavó bajo Mount Royal un túnel por el que circulaban trenes eléctricos. Pronto supimos que se podía ir en este tipo de trenes por diez centavos, bajar en Model City y tomar el tren de vuelta por otros diez centavos. Model City era la primera división urbana moderna en Montreal: pulcras filas de casas de ladrillo rojo, cada una en su parcela de terreno, con calles anchas y limpias y accesos de gravilla a los garajes. Era difícil llegar a las afueras de la ciudad-isla[101] en aquellos días, porque la mayoría de los distritos estaban cortados por puentes privados de peaje que requerían de cada coche que pasaba monedas que iban a parar a los bolsillos de los amigos y familiares del gobierno. Algunas de las personas que pasaban a diario para ir a trabajar lo hacían a través del río en los viejos vagones del Ferrocarril de los Condados y Sur de Montreal, que chirriaba a lo largo de los muelles del ya envejecido puente de Grand Trunk Victoria, y algunos vivían en los pequeños pueblos de la parte oeste de la Isla, pasado Lachine, pero la gente de la ciudad los consideraba paletos porque se entretenían cultivando vegetales y rosas en sus jardines por las tardes, y saludaban a todo el que pasara por delante del porche de su bungalow. Pero Model City era una ciudad en condiciones en la que la gente cultivaba tulipanes y capuchinas y no hablaban con nadie a quien no conocieran.

Un año más tarde, mi primo Sam y yo fuimos en bicicleta a los grandes almacenes Weston, en contra de la voluntad de mi madre, para comprar una camisa. Sam creía que debíamos ponerles candados a las bicis mientras hacíamos nuestras compras, pero yo señalé que estarían perfectamente a salvo ya que había un portero dando la bienvenida oficiosamente a los coches que llegaban al gran emporio. Así que apoyamos las bicis en el poste de telégrafos y entramos en la tienda. Cuando volvimos al poco, la mía no estaba por ninguna parte. El portero, ocupado en busca de propinas, restó importancia a nuestras ansiosas preguntas asegurando que no había visto nada inapropiado.

De pronto, y por primera vez en mi vida, tuve un fuerte presagio, una sensación que más tarde llegué a reconocer

---

[101] NEF: Se refiere al centro de la ciudad de Montreal, que se edificó sobre una isla.

como intuición.[102] Estaba seguro de que sabía en qué dirección había ido el ladrón. Le vi claramente en mi mente, empujando la bici unos pocos escalones de cemento abajo hacia un sótano dos bloques al sur y uno al este. «¡Déjame tu bici!» le grité a Sam con excitación. Me fui rápidamente por la calle St. Catherine esquivando las densas masas de coches que obstruían la lenta arteria y rápidamente llegué a la esquina visualizada. Pero en lugar de un sótano encontré sólo un edificio de oficinas. Miré en todas direcciones con desolación, esperando ver al villano pedaleando sobre el familiar chasis encarnado de mi querida bicicleta, pero la calle estaba vacía.

Así acabó mi primera experiencia con la intuición. El robo en sí mismo, pasada la primera agitación, me dejó extrañamente indiferente, como si la pérdida fuera lo que merecía por ir en contra de la voluntad de Madre. Aprendí que nada bueno salía de ir en contra de los deseos de tu madre. Y eso continuó siendo así durante el resto de mi vida. Pero también era vagamente consciente de que en realidad quería librarme de la bici y en realidad estaba más despreocupado tras perderla.

En invierno cuando las calles se vidriaban, los niños pequeños se ataban los patines de aprendiz bajo sus gomas[103] y se deslizaban hacia abajo hasta la mitad de la calle, corriendo y planeando y resbalando y gritando, con sus alegres chillidos amortiguados por las altas laderas de nieve a los dos lados de la carretera.

Cuando venía un trineo tintineando descaradamente las campanas mientras se aproximaba con salvajes ráfagas de nieve, los chicos despejaban la calle apoyándose en las lade-

---

[102] NEE: La intuición fue otro de los grandes temas de interés y estudio de Berne. Véase *La intuición y el Análisis Transaccional*, (Ed. Jeder).

[103] NTE: Los *rubbers* son unos sobre-zapatos de goma que se usan en la nieve. Algo parecido a las madreñas, si bien éstas son de madera.

ras de nieve y mirando los carámbanos de hielo que colgaban del bozal humeante de los caballos. Patinar era tan divertido que a veces yo continuaba hasta después del anochecer, para disgusto de Madre.

Todo llegó a un abrupto fin cuando yo tenía 14 años y tía Esther compró un par de esquís. Los esquís eran la belleza, los esquís eran la libertad, los esquís eran para subir a extraños montes y deslizarse hacia abajo. Los esquís eran para correr y caminar con el viento en la cara.

Eran unos esquís pesados hechos de fresno sólido, seis pies y seis pulgadas de largo, con una única ranura en la parte inferior y sin guías, de los de campo a través. Era posible caminar cómodamente y subir con ellos a las colinas con facilidad, e incluso correr con un ruido tremendo. Finalmente fui capaz de sortear pendientes difíciles con facilidad, después de lo cual a veces me acostaba de espaldas en la nieve para fijar la mirada en el cielo, ribeteado de cirros de día o por la noche ornamentado con estrellas dispersas como copos de nieve alrededor de la luna plateada embadurnada de hollín. Después de tales noches sentía los pulmones puros y limpios por el aire helado y con los esquís al hombro, bajaba hacia la calle Ste. Famille, con las pesadas botas crujiendo en la nieve hacia la luz cálida y dorada de Madre, de Hermana y del hogar.

Caminar con raquetas era mucho más trabajoso y no muy divertido como deporte en solitario. La principal ventaja de las raquetas era que con ellas se podía avanzar como un grupo más compacto que los esquiadores, así que era un deporte más sociable que el esquí, un hecho del que los franco-canadienses tomaban plena ventaja. No había imagen invernal más inspiradora que la del club de las raquetas hollando cuidadosamente la nieve en la pradera cubierta de nieve polvo bajo la luz de la luna llena. Durante el Carnaval de invierno varios clubes se reunían alrededor de las fogatas que lanzaban sus llamas tan altas como las estrellas del helado zodiaco. Numerosas voces se elevaban aún más alto que el fuego, cantando sobre los alegres viejos tiempos y niños que juegan, sobre tristes pájaros y sobre el puente de Avignon, *sur le pont, je te plumerai le bec, en roulant ma moule.* Y cuando las llamas finalmente remitían, todos, los de las raquetas, los esquiadores, los de los toboganes y los espectadores, se unían en un lento himno a su tierra natal; católicos, protestantes y judíos por igual olvidando por unos momentos sus feudos de esnobismo mientras alababan su gloria, unidos brevemente por la belleza de la escena invernal. Después se dispersaban a casa en todas direcciones a través de los abetos, los olmos y los arces enterrados en nieve, con cada persona guiada por la visión de su propia habitación iluminada y repleta de comida y bebida, y con los hornos de llamas azules radiando su agradecido calor por todas partes.

Los Sellos Revelan el Mundo

Fue una década complicada. En Europa los turcos estaban exterminando a los armenios, Symon Petlura[104] en Armenia estaba asesinando a los judíos, en Rusia las nuevas clases gobernantes estaban matando a millones de personas en tiroteos y de inanición, y en Alemania la barbarie estaba llamando a la puerta. Probablemente en esos tumultuosos años después de la Primera Guerra Mundial, de 1919 a 1929, Canadá fuera el país más pacífico de todos. En las partes civilizadas del mundo un chico podía crecer con una seguridad considerable de que fallecería de muerte natural y podía incluso soñar con elegir su propia carrera. Y el mayor de todos los índices contra la brutalidad, el índice de mortalidad infan-

---

[104] NEF: Político y periodista ucraniano asesinado en París en 1926. Fue uno de los personajes más importantes del movimiento nacional, Comandante en Jefe del Ejército y tercer Presidente de la República Popular de Ucrania.

til, iba en disminución.[105] Estábamos libres no sólo de las masacres de Europa del Este y de las revueltas, asesinatos e inflación de Alemania, sino también de los problemas irlandeses que estaban desgarrando Gran Bretaña y de los linchamientos y mafias de nuestros vecinos del Sur. Incluso el nivel de delitos comunes era bajo y las calles eran seguras tanto de día como de noche. Por el momento los habitantes de la calle Ste. Famille eran libres para disfrutar del progreso de la humanidad. Igual que sus padres habían hecho el primer viaje en automóvil, escuchado su primer disco en un gramófono, hablado por el primer teléfono y habían quedado maravillados por la primera luz eléctrica, los jóvenes residentes escuchaban con deleite la primera retransmisión radiofónica, echaban el primer vistazo de cerca a un avión, miraban asombrados el primer dirigible mecerse por el cielo veraniego y contemplaban el inquietante resplandor de la luz de neón.[106]

Aunque hubo algunas discusiones y muchos rumores y presuntuosas discusiones alrededor del Gran Árbol Grueso sobre las tribulaciones del mundo, mi único contacto personal con esos lejanos problemas vino de la siguiente manera:

Es bien sabido que la mejor forma de que un niño comience una buena colección de sellos es tener muchos tíos y yo era afortunado en este sentido. Y un día mi abuelo materno me dijo: «Baja a ver a Mr. Hasburg y te dará algunos

---

[105] EB: Por ejemplo, en la ciudad de Nueva York, de 81,6/1000 en 1919 a 58,5/1000 en 1929. 3.358 bebés que hubieran muerto en 1919 continuaron con vida.

[106] EB: El primer diseño de neón que se construyera nunca, una cresta hecha de tubos de cristal por Sir Ernest Rutherford en la década de los 90, estuvo colgado sin provecho en el auditorio de física durante muchas décadas. Sólo se iluminaba una vez al año, para demostrar la conductividad de gases raros a la clase de primero. En los años venideros los estudiantes solían especular sobre el valor que tendría la universidad si hubiera patentado el dispositivo.

sellos». Yo no tenía ni idea de quién era Mr. Hasburg ni de por qué era tan generoso. Sospechaba que tenía algo que ver con Padre. La gente aún se acordaba de Padre. Un día cuando pasaba junto a un puesto de periódicos, el vendedor me llamó con un gesto y me preguntó: «¿Tú no eres el hijo del Dr. Bernstein, el gran especialista en niños?». Otra vez una mujer de mediana edad me paró en la calle y me saludó como el hijo del Dr. Bernstein, el gran doctor de la maternidad. Y una vez me presentaron a un grupo de extraños en una esquina como el hijo del Dr. Bernstein, el especialista del pecho.

Cualquiera que fuera la razón del ofrecimiento de Mr. Hasburg, una tarde me encontré subiendo por una escalera de madera llena de chicles con una barandilla a la que le faltaban algunos pernos. La oficina de Mr. Hasburg estaba al otro lado del *Champ de Mars*, en la calle Craig, la zona marginal de Montreal. En el tercer piso llegué a una puerta en cuyo cristal esmerilado decía: «D. Hasburg, Sellos al por mayor». Llamé y una severa voz femenina me ordenó que entrara. Detrás del desordenado mostrador, una pálida mujer rusa con el pelo castaño y desordenado y oscuras cejas pobladas me preguntó qué podía hacer por mí. Antes de que pudiera contestar, se abrió una puerta y un hombre jorobado arrastró los pies desde una oficina interior. Cuando me vio se le iluminó la cara con expresión de gran alegría. Me dio la mano y me invitó a que le acompañara. Me sentó frente a un escritorio con secreter y exclamó: «¡Te voy a hacer feliz, hijo!».

Sacó una caja de madera de puros Ben Bey de uno de los cajones. Estaba lleno de sellos sueltos de todos los colores y variedades, sus brillantes tonalidades cruzadas por marcas de cancelación y sobreimpresiones. Agarrando unas pinzas empezó a ordenarlos a la velocidad del rayo, poniendo ocasionalmente un sello en un montoncito junto a mi codo. Después de cinco minutos así, barrió con la mano el resto del contenido adentro de la caja de puros y puso el montoncito dentro de un sobre transparente, que a continuación me dio a mí, con ojos brillantes en la cara arrugada sin afeitar. «Vuelve el lunes próximo a la misma hora», me instruyó. Le di las gracias y me condujo afuera a la recepción, donde la mujer del mostrador miró hacia arriba con lo más parecido a una sonrisa que su adusto rostro enmarcado por sus cejas le permitía.

Cuando llegué a casa descubrí que Mr. Hasburg me había dado un tesoro de opulentas sobreimpresiones alemanas; 1 millón de marcos, diez millones de marcos, cien millones de marcos. Y todos los lunes desde ese momento durante un periodo de tres meses, repitió el mismo ritual, llenando álbum tras álbum con especialidades centro europeas.

Esa fue mi introducción a la inflación en Alemania. Pero pronto se añadieron otros temas, hasta que tuve que improvisar álbumes de catálogos inservibles que encontraba amontonados en el sótano. Uno de éstos álbumes lo hice de un prospecto ilustrado de Vichy y sus aguas, «Vichy, Reines des Villes de l'eaux». Las fotografías mostraban parques, galerías cubiertas, un casino, un teatro y un gran salón de beber donde se podían probar las aguas. En años anteriores había pasado muchas horas estudiando detenidamente este libro y la foto del producto último, la agraciada botella de Vichy Celestin era una imagen emblemática de mi infancia, aunque en realidad nunca había visto una botella de verdad.

Una tarde al llegar encontré la oficina de Mr. Hasburg cerrada, y una nota escrita a mano en la puerta que decía «Cerrado por enfermedad». Decidí visitar la casa de mi abuelo para averiguar más sobre este misterioso hombre y por qué se había interesado de pronto por mí.

—Fue paciente de tu padre hace muchos años —me dijo Abuelo—, y tu padre le salvó la vida. Estuvo muy triste cuando se murió tu padre y decidió compensártelo.

—¿Dónde está ahora? —pregunté.

—Está en el hospital. No creo que vuelvas a verlo nunca más.

A la vez que yo iba absorbiendo esta información y preguntándome qué sería de la fea rusa, mi abuelo dijo:

—Tengo algo para ti.

Fue al armario en el que guardaba esto y lo otro, cosas que había ido reuniendo a lo largo de su vida y que consideraba que serían regalos adecuados para sus nietos. Todos conocíamos este armario desde la más tierna infancia; era una cornucopia de adquisiciones inesperadas y exóticas, cosas que a nadie más en todo el mundo se le ocurriría guardarnos o incluso imaginarse que algún día querríamos, cosas que ni a nosotros se nos ocurría que podríamos querer hasta que Abuelo las sacaba de su mágico armario y nos las ponía en nuestras agradecidas y sorprendidas manos.

En esta triste y memorable tarde me dio una pequeña imprentilla con tipos de goma, algo de lo que cualquier chaval de catorce años dado a los libros se enamoraría instantáneamente.[107]

Lectura

Dentro de la modesta seguridad de la calle Ste. Famille yo estaba libre salvo por cuidados anecdóticos, y podía dedicarme con la mente soleada y sin nubes a mi principal interés, que era leer. Devoraba las lecturas de la escuela en uno o dos días, así que tenía libertad el resto del año para vagar a mi antojo por los historiados climas de la literatura. Mis primeras memorias son de Madre leyéndome cada noche antes de irme a la cama: *Mamá Oca, Jardín de versos para niños* y *Peter Rabbit*.[108] Pronto estaba solo descubriendo los héroes y las

---

[107] NEE: En *The Structure and Dynamics of Organizations and Groups* (1963), Berne comenta brevemente sobre esta imprentilla y de cómo con ella imprimió los primeros carnets del Club Agamenón. Sería uno de los muchos clubs que creó para así «celebrar reuniones en casa».

[108] NEF: Personaje de muchos libros infantiles. Es un conejo y están ilustrados por Beatrix Potter.

historias de mitos y leyendas. Leí los cuentos de hadas de Andrew Lang[109] tan vívidamente que cuarenta años más tarde aún me estremezco cuando releo el cuento de *Kari Woodengown*.

Después de *Alicia en el País de las Maravillas* salí al mar: Crusoe y Gulliver, Stevenson y Verne. Después de estas míticas islas busqué otras reales en *Chatterbox*, *Chums*, *Boy's Own Paper* y los innumerables libros de marineros que circulaban gracias a la Sociedad Misionera de Londres. Éstos estaban llenos del «duro trabajo de los Cockneys[110] y de viejos mitos». A esto siguió el humor de Stephen Leacock y Mark Twain. El mejor periódico de humor del momento se llamaba *Answers (Respuestas)*, el *Punch* del pobre, mucho más intoxicante que aquél. En la biblioteca del instituto encontré a P.G. Wodehouse y Plupy Shute, que me mantuvieron entretenidos algún tiempo. Pero pronto, por lo que yo sabía, había agotado todo lo que la civilización tenía que ofrecerme en el campo de las alegrías impresas. Fue algo así como un avance, y entonces descubrí a S.J. Perelman y poco después a Robert Benchley, que dijo «Un perro le enseña a un niño la fidelidad, la perseverancia y a dar tres vueltas antes de tumbarse».

También estaba el teatro, que en Montreal consistía en gran medida en vodevil aunque también era una gran ciudad de espectáculos burlescos, pero a mí no se me permitía ir a los espectáculos burlescos. Las películas eran mucho mejores: Charlie Chaplin, Bobby Vernon, Harold Lloyd, el gato Félix y especialmente los hermanos Marx, siempre buenos para desternillarte de risa en los pasillos.

---

[109] NEF: Escritor escocés (1844–1912), poeta, novelista y crítico literario, conocido sobre todo por sus trabajos sobre el folklore, la mitología y la religión. Intenta explicar la formación de la religión, de lo sobrenatural, a partir de la naturaleza.

[110] NEF: El término *cockney* designa a la clase proletaria de Londres y a su jerga tan característica.

De las Cosas Ocultas

Yo siempre había sido un buen descifrador de códigos. De Rudy Eckstein aprendí la jerigonza[111] a los once. Un día cuando estaba patinando con Bob Lever, April y Priscilla, Bob me desafió:

—¿Qué significa bee ree eee aee?

—Brea —contesté.

—Tengo una para ti —propuso Priscilla en un tono ligeramente áspero.

—¿Qué es SBUB?

Después de pensarlo un momento contesté «Rata».

—Bueno —dijo abiertamente irritada—, ¿y qué es CUFB?

—Espera un momento —dudé antes de anunciar con aire autosuficiente—. Oh, ¡brea!

En esto Priscilla se fue patinando y pronto el grupo se deshizo. De esto, en lugar de aprender a disimular con humildad, decidí que los códigos no eran buenos porque se podían descifrar, y empecé a buscar otra manera de guardar secretos.[112]

Después de investigar un poco en la Biblioteca del Instituto Fraser[113] decidí que la solución era la tinta invisible. Estudié sus propiedades y acabé con una gran colección de recetas. Escribí un breve artículo sobre el tema y lo envié a mi revista favorita, el *Science and Invention*.

Unos tres meses más tarde, cuando salía de casa hacia mi lección de mandolina, Pat, el cartero, me dio en la puerta una carta de la revista en un sobre marrón. Solté la mandolina y abrí el sobre cuidadosamente con un cortaplumas. Era un

---

[111] NEF: *Pig Latin* en inglés. Juego de niños con letras, sílabas y palabras para hacer incompresible un mensaje.

[112] NEE: Cuestión relevante ésta de guardar secretos, teniendo en cuenta que en ocasiones Berne se autodenominaba «La Gran Pirámide».

[113] NEF: Instituto de Investigación de Montreal.

cheque de veinte dólares de Hugo Hernsback, el extravagante editor de la revista, por el artículo de la tinta invisible. Abrí la copia del *Science and Invention* que acompañaba al cheque, y ahí estaba mi artículo sobre cómo hacer tinta invisible, con imágenes explicativas de limones y levadura hechas por un dibujante de plantilla. Acababa de cumplir catorce. De pronto era un autor remunerado con mi nombre en un artículo en una de las revistas más conocidas de Canadá e incluso de los EE.UU.

Pasarían nueve años antes de que volvieran a pagarme por otro artículo, y esta vez sólo dos libras, siete chelines y seis peniques. Era un cuento sobre un viejo basada en mi profesor de botánica, y fue publicada en el periódico literario de John Middleton establecido en Londres, *Adelphi*.

Un Momento de Crisis

Mi posición como alumno del Montreal High era precaria desde el principio porque en realidad yo vivía dos cuadras más allá del límite del distrito escolar. Mr. Gammett, el Rector, hizo la vista gorda u olvidó esto hasta un día de cuarto curso en el que me llamaron a su oficina por haber llegado tarde más veces de la cuenta. En esta ocasión había algo raro en el camino que tomaban las preguntas de Mr. Gammett, y pronto se me vino a la cabeza cuál era el problema: alguien había traído la irregularidad a la atención del Rector. De pronto Mr. Gammett quedó en silencio, y durante cinco significativos segundos él y yo nos confrontamos cara a cara. Era bastante evidente que él estaba decidiendo si preguntarme directamente sobre mi lugar de residencia. Ésta fue la primera crisis existencial que yo encaraba solo y directamente, el primer momento de la verdad cuando me di cuenta plenamente de que todo mi futuro pendía de la voluntad de una autoridad ajena en una situación en la que ni mamá ni papá ni ningún otro recurso externo podría ayudarme. Me quedé completamente quieto durante esta breve pero decisiva prueba para los nervios, y ningún músculo visible o palpable se me movía en la cara o en el cuerpo, mientras estaba parado cara a cara con mi destino.

Finalmente Mr. Gammett asintió.

—Eso será todo —declaró—. ¿Y usted comprende que no debe volver a llegar tarde en el resto del curso escolar?

—Sí, señor —respondí, y me di la vuelta para caminar de regreso a clase.

Mr. Gammett resultó ser un *menschenkenner*,[114] un conocedor de la gente, más quizá que otras personas más entrenadas que hube de conocer en años venideros. Freud mismo, a pesar de todos sus conocimientos de la maquinaria psíquica, no era un *menschenkenner*, y sus discípulos no requerían este tipo de sabiduría; conocimientos quizá, pero no sabiduría. Lo que no se me ocurrió en el momento era que Mr. Gammett quería que yo me quedara si eso podía ocurrir sin deshonor; que, en resumen, Mr. Gammett me quería como quería a la mayoría de sus alumnos. Pero esa palabra o esa idea nunca se nos pasarían a ninguno por la cabeza. Era poco canadiense, sentimental y antideportivo. Mr. Gammett educaba ciudadanos honorables evitando la comunicación innecesaria en ambas partes e incluso en su propia mente; y nosotros intentábamos hacer lo mismo.

Días de Radio

Para entonces la vieja casa de piedra ya no era la que solía ser. Mr. Pickles se había mudado hacía tiempo y el piso de arriba estaba ocupado por dos jóvenes damas que tocaban el piano; sus sonatas y fugas penetraban el techo del cuarto de estar donde yo dormía, volviéndolas cercanas y cálidas en la oscuridad. Yo culpaba a su música de mi excitación, como si

---

[114] NEI: Del alemán, «juez, conocedor de la naturaleza humana».

protestara ante algún acusador: «¿Ve? No soy responsable, empezaron ellas al sentarse al piano».

A finales de año Madre había vendido la casa a un contratista llamado Mr. Kallen que procedió a convertirla en una casa de seis apartamentos parcialmente financiados por Madre, quien podría vivir en uno de ellos sin pagar renta durante un periodo de tres años. Así es como Madre, Hermana y yo nos encontramos viviendo en lo que había sido el comedor, la cocina y la despensa. Éstos habían sido transformados en un cuarto para Madre y Hermana, una pequeña cocina, un cuarto de baño y una sala de estar donde yo estudiaba y dormía. Ahora el entretenimiento nos venía dado por una radio y todos nos sentábamos a escuchar la única estación aceptable, CKAC.[115]

El tío Mike nos había dado antes una de cristal, pero cuando se popularizaron las de válvulas yo quise construir la mía propia. Años antes Madre me había regalado un librito que explicaba cómo construir una radio mejor. Pero la falta de fondos para las válvulas hizo que lo más cerca que estuve de unas fue ese verano cuando empecé a trabajar como barrendero y chico de los recados en una tienda de repuestos para radios. Aunque Madre y Tía Esther tenían sus dudas sobre que yo hiciera tales tareas insignificantes, a mí me entusiasmaba la idea de ganar seis dólares a la semana trabajando tan cerca de las fuentes de la ciencia y la invención. A la hora de la verdad, me despidieron después de tan sólo tres días, cuando me salí del tranvía en la esquina equivocada y tardé una hora extra en entregar un paquete. Ahora, con la radio comprada en una tienda, abandoné la idea de construir una yo mismo.

La vida en el nuevo apartamento pronto se convirtió en rutina. Cada mañana Hermana y yo nos íbamos a la escuela a

---

[115] NEI: La primera emisora de radio francófona de América, en Montreal.

horas diferentes, de acuerdo con la política del distrito contraria a la educación mixta. Todas las tardes y también cada noche, excepto el viernes y el sábado, Madre se iba al Centro Comunitario, y todos los días excepto los domingos hiciera sol, lloviera o venteara, se tambaleaba a pie de vuelta a casa a las cinco cargando con una gran bolsa de provisiones y cocinaba la cena. Más tarde comenzó a venir una criada tres tardes en semana. Era una coqueta chica francesa, alta y delgada. Una tarde de verano en la que ambos estábamos solos en la casa batalló conmigo hasta el sofá, y me encontré acostado sobre ella. Ambos estábamos sobrecalentados y ella se estaba riendo. Pero todos aquéllos pensamientos que había tenido previamente sobre los peligros inherentes a llegar demasiado lejos, volvieron a arremolinarse en mi cabeza, y me desembaracé de ella sin deshonor indebido y me fui a la cocina para tomarme mi cuenco de cereales de la tarde.

Por primera vez desde la muerte de Padre, empezábamos de nuevo a sentirnos seguros. Vivíamos sin renta, el trabajo de Madre era satisfactorio y aprovechaba al máximo sus capacidades, y en verano estaba el Campamento Carefree. Yo tenía dieciséis años y mi familia ya podía confiar en mí para muchas cosas. Era un buen porteador, un experto electricista y un carpintero pasable incluso con las pocas herramientas primitivas a mi disposición. Había comprado una pistola de balas de fogueo que había pedido por catálogo y la escondía bajo mi almohada aunque no tenía ni una bala. Me hacía sentirme seguro y debía hacerse sentir segura también a Madre ya que nunca la mencionó ni me la quitó aunque ella hacía mi cama a diario.

Mi hermana y yo estudiábamos y peleábamos, escuchábamos la radio y a veces jugábamos juntos. No estábamos muy unidos en parte por la diferencia de edad y en parte porque algo había evitado que tuviéramos incluso la más ligera sospecha de juego sexual entre nosotros. Bajo estas condiciones yo, al igual que la mayoría de mis compañeros de la escuela llevábamos una vida tranquila, siendo nuestra principal preocupación el saber si la chicas realmente disfrutaban, lo cual parecía poco probable ya que, si era así ¿por qué se lo guardaban para sí? Pero ya que ninguno de nosotros conocía a ninguna chica que realmente lo hubiera hecho, no había forma de averiguarlo. De vez en cuando hablábamos sobre nuestros sentimientos sexuales más como demonios que como deseos, pero esta era una lucha que la mayoría de nosotros llevaba a cabo en privado, cada uno en su cabeza.

De Nuevo la Leche

En mi último año decidí dejar la ingeniería y volver a Letras. Andy Lupin era mi único competidor en las escaramuzas de jóvenes intelectos. Yo era invencible en matemáticas ya que rara vez cometía errores y podía resolver la mayoría de las ecuaciones de segundo grado de cabeza; también me consideraba invencible en física. Pero Andy se pavoneaba de tener un vocabulario más amplio que yo, cosa que yo ponía en duda, aunque ofrecía buena y con frecuencia superior lid en lengua, y en historia e idiomas estaba claro que llevaba la delantera. Al final fue Andy el que tuvo la media general más alta mes tras mes ese primer semestre. Y a pesar de estar moderadamente envidioso le contaba entre los mejores de mis amigos de calidad.

A mitad del inverno, una tragedia surgida de las mismas causas sobre las que Padre había escrito tantos años antes golpeó la ciudad. Había un brote de fiebre tifoidea en la leche y había que vacunar a todos los niños de la escuela. Era demasiado tarde para Andy Lupin, uno de los primeros en contraer la enfermedad.

Estuvo sin venir dos meses durante los cuales yo ocupé su puesto a la cabeza de la clase. Pero Andy tuvo mucho tiempo para estudiar durante su convalecencia, y cuando volvió tomó una vez más la delantera, convirtiéndose en Dux[116] del Montreal High School. Al otorgarle la medalla, Mr. Gammett relató la mala fortuna de Lupin y su extraordinaria recuperación escolar, arrancando un aplauso espontáneo de toda la asamblea de padres, profesores y alumnos. Aunque mi envidia volvió a despertarse, Andy Lupin y yo nos matriculamos juntos en la Facultad de Artes, premedicina, en la Universidad McGill.

Haciendo Frente Al Torbellino

Al día siguiente de la graduación los chicos regresaban para limpiar sus pupitres. Cowie Hacker, que era delegado de la clase de los mayores, me paró en el pasillo.

—Estaba esperando en la oficina de Mr. Gammett y le oí hablar por teléfono sobre ti. ¡Tenías que haber oído cuánto te recomendó! En fin, quiere verte. Creo que te ha encontrado un trabajo para el verano.

En efecto era así. El gerente de uno de los clubes de golf del complejo de clubes náuticos y de golf que había a lo largo del río St. Lawrence hacia el oeste le había pedido a Mr. Gammett que recomendara a uno de sus alumnos para realizar tareas sencillas de oficina. Me dijo que fuera a Dorval[117] a una entrevista. Era un viaje agradable en un pequeño tren que corría con la locomotora al revés y para atrás, y volvía con la locomotora hacia delante. Sabía que era un club de golf estrictamente protestante, pero el gerente, Major Ruskin, veterano manco de Belleau Wood,[118] me recibió con bastante afabilidad, sobre la base de la recomendación de Mr. Gammett, y me encontré con un trabajo de 60$ al mes, que comenzaría en dos semanas.

---

[116] NEF: Título otorgado a los mejores estudiantes en los instituciones educativas de Escocia, Australia y otros países angloparlantes.
[117] NEF: Isla de Montreal al sudoeste de Quebec.
[118] NEF: Batalla cerca del río Marne, en 1918.

Para celebrar la ocasión Madre me envió de vacaciones. Estaba bien familiarizado con las áreas judías de los Montes Laurentinos por el Canadian Pacific Railroad (Ferrocarril Pacífico Canadiense), así que decidí explorar el territorio protestante al que daba servicio la Canadian National (Nacional Canadiense). Así, en una pequeña casa de huéspedes conocí a una chica alta y guapa con una larga cabellera de fresa, también recién graduada del Montreal High, que era tímida y se avergonzaba demasiado de un ligero acné. Como yo, era totalmente inexperta. Se llamaba Uta Ritterhausen. Nuestra primera noche en las montañas fue una doble cita con su amiga Tony Barlow y un aprendiz de carpintería local que se llamaba Horst. Horst trataba a Tony con la suavidad de un ranchero, mientras que yo era torpe y estaba demasiado ansioso, y no fui capaz de distinguir adecuadamente entre caricias y besuqueos, cosa que Horst ya comprendía muy bien. Uta respondió con más pudor que enojo a mi torpeza y seguimos nuestra amistad cuando volvimos a la ciudad. Ni su madre ni la mía mostraron mucho entusiasmo por nuestra relación, pero nuestra amistad sobrevivió. Probablemente ella no fuera más popular entre los chicos de lo que yo lo era entre las chicas. Ninguno de los dos examinó nuestra relación muy de cerca; ella estaba satisfecha de tener a alguien a quien llamar su novio y yo a alguien a quien llamar mi chica.

Así que ahí estaba yo, un descendiente directo de Adán y Eva, enfrentándome al mundo a mis diecisiete años. Tenía pocas cosas materiales y nada de dinero en mis bolsillos, pero tenía muchos parientes, una carta de admisión para una universidad, un trabajo y una novia. Las cosas más importantes que poseía estaban en mi cabeza. En primer lugar, todas las cosas que habían puesto ahí mis padres, mis profesores, los libros y mis amistades: libertades y deberes, aspiraciones y prohibiciones. En segundo lugar, todo el conocimiento del mundo y sus aspectos, y de las cosas que tenía para ofrecerme y que yo podía tomar. En tercer lugar, todos los recuerdos y deseos que habían crecido conmigo desde mi nacimiento, todos los ideales y esperanzas y esfuerzos y creaciones que brotaban de mi joven alma. Así que podía ir por las calles con la cabeza alta, balanceando mis brazos con firmeza como un súbdito británico libre, y sentirme a mí mismo como una parte del mundo, con todos sus árboles y pájaros y bestias y gentes que latían y pululaban por la tierra y por encima de ella, y sí, también de las raíces que rebuscaban debajo de su superficie.

Y así es como partí de la sólida casa de piedra un día de junio de 1927 camino del tren para presentarme en el trabajo y poco después para estudiar medicina en McGill.

Finis
25/12/66

Apéndice.
Algunos Comentarios sobre los Documentos Médicos de David Bernstein

1

El Dr. J.H. Pratt, de Boston, fue uno de los primeros que escribió sobre el tema del tratamiento ambulatorio de los tuberculosos.[119] Una de sus estrategias era la de mantener clases para sus pacientes y de esta manera se convirtió en el padre de la moderna terapia de grupo. Su artículo de 1907 titulado «El método de la clase para tratar la tuberculosis en los hogares de los pobres» se contempla generalmente como un artículo precursor en su campo y los historiadores de la terapia de grupo siempre lo citan, aunque pocas personas han visto alguna copia del documento original.[120] Es dudoso que Padre haya leído este documento, ya que no menciona las clases, aunque puede que haya organizado tales reuniones en el dispensario de Herzl del cual él era uno de los fundadores.[121] En cualquier caso, instruía individualmente a sus pacientes con considerable detalle sobre cómo cuidar de sí mismos en casa. Esto es lo que le dijo a la *Montreal Medico-*

---

[119] NEF: El Dr. J. H. Pratt ofrecía conferencias a los pacientes tuberculosos recién dados de alta, y se dio cuenta de que esa experiencia había afectado a su estado emocional.

[120] EB: Jnl. Amer. Med. Assoc. (Periódico de la Asociación Americana de Medicina) XIIX: 755-759, 31 de agosto 1907.

[121] NEF: Theodor Herzl (1860-1904), periodista y escritor judío austríaco. Fundador en 1897 del movimiento sionista, creó el fondo nacional judío para la compra de terrenos en Palestina.

Chirurgical Society (Sociedad Médico Quirúrgica de Montreal) el 1 de junio de 1918:

> De acuerdo con los últimos datos de la Asociación Nacional para el Estudio y la Prevención de la Tuberculosis, hay en Estados Unidos alrededor de un millón de personas que padecen tuberculosis, mientras que sólo hay alojamiento en sanatorios para 45.000 pacientes. Estas instituciones incluyen alojamiento para casos incipientes y avanzados, hospitales infantiles, hospitales de beneficencia, hospitales para pacientes dementes y para pacientes en instituciones penales. Por tanto hay alojamiento sólo para el 4.5% de los pacientes de tuberculosis, el 95.5% de personas restantes que padecen la enfermedad tienen que ser tratadas fuera.

Estima una prevalencia similar en Canadá:

> En Montreal hubo en 1915 1.602 muertes de tuberculosis [...] Hay por tanto al menos 5.310 personas afectadas de tuberculosis sin contar el número de personas que habita en las zonas residenciales. El número de pacientes que pueden ser alojados en sanatorios en toda la provincia es de 165, de lo cual se deduce que 5.000 pacientes deben ser tratados fuera de los sanatorios, sólo en Montreal.

La conclusión es que mientras peor vivía la gente en esa época —los pobres, los enfermos, los encarcelados— más posibilidades tenían de recibir un cuidado médico apropiado para la tuberculosis. Los no pobres, los sanos y los libres, en su mayor parte, tenían que arreglárselas por sí mismos.

En cuanto a la prevención:

> Todos nos hemos encontrado con esos casos de supuesta neurastenia con demacración y debilidad que empiezan a mejorar y encontrarse bien tan pronto como el peso vuelve a la normalidad. Un gran número de esos casos que no mejora resulta ser finalmente tuberculosis. Si tratáramos estos casos

como tuberculosis potencial podríamos prevenir los devastadores efectos de la enfermedad.

Volvamos por un momento a considerar una interesante idea clínica en relación con «las supuestas neurastenias que empiezan a mejorar y a sentirse bien tan pronto como su peso vuelve a la normalidad». El tratamiento de Padre para este tipo es que los pacientes hagan reposo durante dos horas después de la comida del mediodía. Ahora supongamos que un doctor abre un centro diurno para tales personas, a donde pudieran ir y acostarse durante una hora cada día. Eso tendría la ventaja de que el galeno podría asegurarse de que el paciente obtenga su descanso diario. Hay un hombre del que se sabe que ofreció a los neurasténicos, o «supuestos» neurasténicos, tal hora de descanso diario en su consulta durante esa época, y se llamaba Sigmund Freud. La cuestión que se suscita entonces es si en el tratamiento de tales pacientes Freud estaba curándoles de neurastenia o de tuberculosis subclínica incipiente. La importancia de esta pregunta se ve enfatizada por el hecho de que la clásica neurastenia es ahora una enfermedad casi erradicada. Esto se puede atribuir fundamentalmente a un «cambio en las variables culturales» y a una «alteración en las relaciones interpersonales, económicas y psicológicas», pero también o mejor podría atribuirse a la disminución en incidencia y prevalencia, y a la detección temprana de la tuberculosis pulmonar. Ningún médico clínico serio pondrá en duda que el término «neurastenia», tal como se usaba en los viejos tiempos, debe haber incluido muchos casos de infección tuberculosa y de tuberculosis subaguda.

Habiendo establecido que al menos el 90% de los pacientes de tuberculosis tendrán que recibir tratamiento ambulatorio, porque, a falta de otras razones, no pueden permitirse el coste y el lucro cesante que resulta de una hospitalización, Padre escribe:

161

Mientras que en el presente tanto médicos como profanos están de acuerdo en que el tratamiento para la tuberculosis consiste en aire fresco y suficiente comida [...] se refieren al aire del campo. Como he mostrado más arriba, alrededor del 90% de los pacientes encuentra que los centros de salud son demasiado caros, a la fuerza tienen que vivir en casas de huéspedes baratas y con mucha frecuencia sin ningún asesoramiento médico [...] Durante el verano se puede obtener un alojamiento decente a un precio moderado. Durante el invierno se ven obligados a parar en granjas sin los servicios sanitarios adecuados. Como resultado de la falta de alojamiento adecuado y ausencia de comodidad personal junto con una dieta inapropiada y la monotonía de la vida rural, el paciente deviene inquieto y encuentra que la estancia no le está haciendo ningún bien. En consecuencia regresa a la ciudad [...] Mientras tanto la enfermedad está avanzando y al cabo de cinco años la mayoría de ellos habrán muerto de tuberculosis [...] El resultado es que una de cada ocho personas muere de tuberculosis, una enfermedad claramente curable. Si uno estuviera tratando un caso de fiebres tifoideas y no pudiera obtener alojamiento para el paciente en un hospital, no enviaría a tal paciente al campo sin proveerle un alojamiento adecuado así como un tratamiento médico apropiado...

A continuación muestra que los requisitos para tratar la tuberculosis —reposo, comida, aire fresco y ejercicio— se obtienen con la misma facilidad en casa, bajo supervisión, que en el campo.

El siguiente caso es interesante desde el punto de vista psiquiátrico porque es el clásico caso de «neurastenia». Mrs. R de 29 años se quejaba de un bulto en la garganta, dolor de cabeza, debilidad, desfallecimiento, pérdida de peso, una leve tos seca y ronquera. No podía levantar la voz ni cantar. No tenía fiebre y sus pulmones resultaban negativos, pero estaba extremadamente pálida. Después de cuatro meses de supervisar cuidadosamente su alimentación y reposo, puso diez libras, se le aclaró la voz, «era capaz de cantar una nota bastante alta», y empezó a ayudar con las tareas del hogar. Así, como dijo Montaigne (otro favorito de ambos progenitores), «Por distintos medios llégase a igual fin».

Una de las facetas interesantes de este aparentemente testarudo organicista es su insistencia en que los pacientes son más felices cuando pueden ser de utilidad para los demás. ¿Él les decía a ellos que esto les haría más felices, o ellos le decían a él que eso les hacía más felices? Como quiera que fuere, no hay razón para poner en duda que bajo su cuidado los pacientes acababan siendo más felices, más sanos y más sabios.

2

Los peligros de la leche y otros problemas que surgían del tratamiento de la tuberculosis fueron atacados en el simposio de la *Medico-Chirurgical Society* (Sociedad Médico Quirúrgica) en mayo de 1915 en la que Padre intervino.[122] La discusión comenzó con una evaluación general de la leche en el hogar. Padre fue incluso más lejos que los demás con las precauciones bacterianas, diciendo que incluso la leche condensada era poco aconsejable en julio y agosto.

Los casos en los que empleo leche siempre me dan una cierta dosis de ansiedad, ya que el 95% de mis pacientes son de las clases sociales más pobres que no pueden elegir quién les suministra la leche ni tienen instalaciones para mantenerla en buenas condiciones; incluso la leche de las lecherías se agría en estas casas en dos o tres horas. El problema que tenemos ante nosotros en esta ciudad es encontrar un método para preparar la comida de una forma simple que no se deteriore fácilmente en los entornos pobres.

---

[122] EB: Can. Med. Assoc. Jnl. V: 833-850, septiembre de 1915. (Revista de la Asociación Médica Canadiense)..

¿Qué hacer? Sabían lo que había que hacer, pero no había forma efectiva de hacerlo. Para los granjeros y sus empresarios, unos estándares más bajos se traducían en menos costes; para los políticos, miles de lecheros sin muchas trabas se traducían en miles de votos. Los médicos protestantes de la Sociedad eran demasiado caballerosos como para ejercer presión social o legislativa, ya que eso se hubiera considerado una conducta impropia de su posición, especialmente en una Provincia Católica. Estaban atrapados en un entramado político cuya cincha era la venalidad y cuyo grito era la corrupción, y la etiqueta les prohibía pelear por la situación.

Comenzaron su lucha en las neveras domésticas en lugar de hacerlo en la puerta de los establos.

El personal hospitalario evadió el tema proponiendo complejas fórmulas artificiales que se aproximaran a la leche humana.

Otros propusieron manipular la leche para separar sus componentes beneficiosos, tales como el suero y la nata, que se podrían combinar más tarde. Para llevar a cabo estas complicadas maniobras por supuesto era importante, como señalaban algunos, buenas enfermeras bien entrenadas en higiene infantil. Durante la mayor parte del debate había un ligero sabor a desilusión sobre las madres y su falta de eficiencia como máquinas alimentadoras.

Aquí fue donde Padre se levantó:

> En la modificación de la leche —comenzó— quizá sea posible para una enfermera cualificada seguir las elaboradas instrucciones, pero muy pocas familias pueden permitirse una enfermera cualificada.

Requirió bastante coraje por su parte el decir esto en semejante compañía, ya que estaba en triple desventaja: era joven (33 años), no era protestante y no tenía un puesto en un hospital, ni en el *Royal Victoria* ni en el *Montreal General* ni siquiera en el *Foundling Hospital* (Hospital de Beneficencia). Y aun así, continuó y una nueva imagen comenzó a emerger:

La madre media probablemente tenga otros hijos de los que cuidar, con numerosas tareas cotidianas y poco tiempo para dedicar a la preparación de la comida de un hijo en particular; por tanto buscará algo fácil y no se la puede culpar por no ser capaz de seguir complicados métodos de preparación de la comida de un niño. El médico dedicado debería considerar el medio del caso en cuestión. Muchas de estas mujeres me han venido con estas complicadas fórmulas y me han pedido algo más fácil y en muchos casos he tenido que volver a las comidas de marca. La razón por la que tanta gente fracasa con esta comida es porque intentan que el bebé se adapte a la comida y no la comida al bebé.

Después procedía a analizar en detalle los méritos de algunas de las comidas de marca, y los casos para los que cada una era adecuada, trayendo como si dijéramos, al bebé a la comida y no la comida al bebé, más que lo que los demás oradores tendían a hacer, traer la comida al bebé.

El Último Documento de Padre

Padre vivió lo justo para ver publicado uno de sus últimos documentos en enero de 1921 en el *Canadian Medical Association Journal* (Periódico de la Asociación Médica Canadiense). Se llamaba «La relación del agotamiento físico con la mala salud crónica». De nuevo, aquí estaba tan interesado en la prevención, en «la salud pública», como en aplicar una cura adecuada. En la evolución formal de su pensamiento, había avanzado desde el «están envenenando la atmósfera» (21 años) a «están envenenando la leche» (doce años más tarde). La cura para el aire envenenado era mudarse al campo, con las suaves brisas y el oxígeno puro. Pero cuando resultó que la pureza del campo había sido mancillada con la prevalencia de la bacteria asesina de bebés, comenzó a perder su glamour. Para cuando tenía 36 la desilusión fue completa, de forma que volvió a tirar de los pacientes hacia la ciudad para que recibieran en casa el tratamiento para la tuberculosis. Tres años más tarde pensó que había identificado al enemigo real. El más epidémico de todos los virus provenía, no de la atmósfera ni de la leche, sino de las personas, de la propia sociedad.

Describe el curso clínico de esta muy prevalente enfermedad de la siguiente manera:

> Todos nos encontramos con muchos pacientes que nos dan un historial indefinido y una larga lista de quejas. Mientras que los síntomas son numerosos, en el examen físico se encuentra muy poca o ninguna enfermedad [...] Al no descubrirse ninguna anormalidad, se le dice al paciente que está hecho polvo o anémico o nervioso. Al principio estos pacientes son tratados generalmente con tónicos o bromuro que se ponen en la dieta como algo rutinario. La mejoría, si la hay, es sólo temporal. Cuando el paciente vuelve con sus quejas, se consideran unas medidas más extremas. En los casos en los que hay un dolor ligeramente localizado en el abdomen [...] o cualquier otra anormalidad, se recomienda una intervención quirúrgica. Después de la operación el paciente se siente bien durante un corto periodo, y después viene el relapso. El cirujano se pregunta entonces por qué alrededor del 50 por ciento de las operaciones para aliviar síntomas son un fracaso. A estos pacientes supuestamente agotados se les aconseja que se vayan al campo para hacer reposo y a aquellos que se quejan de dolores y molestias se les envía a balnearios. Estos pacientes regresan muy mejorados y se sienten bien durante algún tiempo. En el decurso de unos meses casi todos los casos tienen relapsos. Cuando los pacientes vuelven con las viejas quejas, se les etiqueta de neurasténicos.

Con la diferencia de que los tónicos han sido sustituidos por vitaminas, y los bromuros por tranquilizantes, esto puede reconocerse como algo escrito 50 años más tarde, y probablemente será igual de convincente otros 50 años después.

Padre a continuación divide a los pacientes en grupos típicos de acuerdo con sus complejos sintomáticos característicos. Al primer grupo lo etiqueta de tipo gastrointestinal, con síntomas como la anorexia, la acidez de estómago y borborigmo. Le atribuye estos síntomas a su forma de vida, y describe una semana típica en la vida de tales pacientes en los viejos tiempos antes de que el estrés de la vida moderna les llevara a esos síntomas tan característicos de la edad del jet atómico: anorexia, acidez de estómago y borborigmo. Así era en los tranquilos días de principios de los años 20:

> Un hombre trabaja 50 horas a la semana, diez horas al día en días de semana y cinco horas el sábado. No obstante, muchos hombres trabajan todo el día del sábado así como varias noches de la semana. Este hombre normalmente reside a alguna distancia de su fábrica. Se levanta a las cinco de la mañana y no desayuna porque a esa hora no tiene apetito o tiempo para comer. Tiene que salir de la casa no más tarde de las seis menos cuarto para darse un margen con los problemas del tranvía y llegar a su fábrica antes de las siete. Empieza a trabajar con el estómago vacío y continúa así hasta las doce del mediodía, que para durante media o una hora para el almuerzo. El almuerzo que trae fue preparado la noche anterior y generalmente no es muy atractivo o saludable, pero como está hambriento y cansado come rápido, no mastica la comida pero se las arregla para llenarse el estómago. A las cinco y media o seis de la tarde deja de trabajar, sale con prisas de la fábrica, se estruja en un vagón sofocante y si no hay problemas ni interrupciones en el servicio de transporte llega a casa alrededor de las siete, cansado y deprimido. Tales condiciones no conducen a un buen apetito; aun así se come la cena. Después encuentra algún trabajillo que hacer en la casa o se entretiene leyendo o yendo al cine o al centro cívico o al bar. Cuando se retira generalmente son la once de la noche o más tarde.

Upton Sinclair representa los efectos sociales de este tipo de vida en *The Jungle* (*La jungla*). Padre nos dice lo que esto le parecía al médico de familia:

Al analizarlo encontramos que en las veinticuatro horas este hombre ha descansado seis horas, ha pasado dos en vagones mal ventilados, ha trabajado diez horas, ha pasado dos o tres horas respirando un mal aire en el cine o donde se haya reunido y sólo ha tenido dos comidas indiferentes que no comió adecuadamente. Los jóvenes y robustos aguantan este tipo de vida durante algún tiempo. El asueto de los fines de semana ayuda a amainar a la persona, pero más tarde o más temprano ocurre la ruptura y el estómago, que ha sido el más castigado, es naturalmente el primero en sufrir.

Los anémicos y reumáticos forman el segundo grupo sintomático, consistente normalmente en trabajadores de oficina y gente de negocios, que se quejan de dolor de cabeza, dolor de espalda, lumbago, anorexia y debilidad. Hay que señalar que la batalla sigue el mismo plan en ambos tipos, el gastrointestinal y el anémico reumático. En la primera ronda el doctor prescribe medicamentos y el paciente mejora durante un tiempo. En la segunda ronda el doctor le envía fuera, bien al quirófano, al campo o a un balneario, y de nuevo mejora durante un tiempo. Cuando el paciente vuelve con sus quejas una tercera ronda, el doctor lo etiqueta de neurasténico y ese es el final del trayecto. En muchos casos esto significaba que si el doctor no podía librarse de los síntomas del paciente, se libraba del paciente. Eso es lo que Padre trataba de evitar mediante la previsión, buscando otros factores.

El tercer grupo que describe son vendedores que se quejan de dolores en las piernas y en la región sacra, y se les diagnostica lumbago o reumatismo. Después viene el grupo cardíaco, que se queja de palpitaciones, dolor en el esternón, mareos, dolor de cabeza, malos presagios, temor a desmayarse, sobre los que llega a la plausible pero posiblemente imprecisa conclusión de que «Se puede decir con seguridad que el aumento en la frecuencia de enfermedades degenerativas es una tendencia propia de la vida moderna, y corresponde con el aumento de la actividad industrial».

Su preocupación adicional es que:

Estas enfermedades traen adversidades y sufrimientos que no se pueden mostrar con números; ya que debido a su incidencia entre los hombres adultos, golpean duramente a la principal o única fuente de ingresos en las familias. Con mucha frecuencia las familias tienen que batallar largos periodos de enfermedad en los que quien percibe los ingresos no ha podido siquiera trabajar parte del tiempo. Los síntomas de agotamiento físico aparecen mucho antes de que se pueda descubrir la enfermedad cardíaca. A menos que la enfermedad sea tratada pronto con reposo, y si es posible eliminando la causa, se volverá patológica.

Una vez más, habla de prevención. Lo que parece querer prevenir es, sobre todo, la semana de sesenta o setenta horas en ocupaciones poco glamurosas de la gente con ingresos marginales.

Su último grupo es el ginecológico: dolor de espalda, debilidad, problemas menstruales, leucorrea y dolor de cabeza. De nuevo aquí la progresión clínica sigue el plan estándar: primero, medicación, como duchas vaginales y tónicos; después una operación y la relegación a «la montaña de chatarra humana conocida como neurastenia».

La rutina del ama de casa de esa época la describe así:

Se levanta a las seis de la mañana para preparar una taza de café para el esposo antes de que se vaya al trabajo. Después despierta a los hijos, los viste, los lava y alimenta y envía a la escuela a los mayores. Esto le ocupa hasta las ocho y media más o menos, después los más pequeños o bebés requieren atención, lo que le lleva hasta las nueve y media quizá. La mujer debe ahora correr a hacer las compras, pues generalmente no tiene teléfono ni asistenta y si hace las compras personalmente con frecuencia se ahorra algunos centavos. Cuando vuelve son las diez y media y debe comenzar a preparar la comida para la familia, lo cual incluye a veces a un inquilino que generalmente se tiene para reducir la renta. Una vez preparada la comida, empieza a limpiar la casa. Después de una hora de trabajo, se acuerda de que aún no ha comido nada. Mientras piensa qué puede comer, la preparación de la comida requiere algún tipo de atención o uno de los niños quiere algo. Se olvida del hambre y atiende a la comida o al niño. A mediodía ingiere la primera partícula de comida del día hasta el momento. Pero no come como deberían hacerlo los mortales, ya que los demás a los que tiene que servir la interrumpen con frecuencia. No obstante se las arregla para comer a la carrera y mandar a los niños de vuelta a la escuela y al esposo, si ha almorzado en la casa, al trabajo.

Después de recoger la mesa y lavar los platos tiene que pensar en lavar la ropa y fregar el suelo. Para entonces los más pequeños ya están irritables y la exasperan, de forma que para cuando los mayores vienen de la escuela ella está deseando mandarlos afuera a la calle para que jueguen y le permitan acabar su trabajo. Después de esto ella tiene una doble ansiedad que aumenta su tensión nerviosa, a saber, la seguridad de los niños en la calle y su deseo de acabar el trabajo de la casa. Poco después tiene que preparar la cena y cuando acaba de cenar y de limpiar se encuentra con que ya son las siete y media de la noche. Entonces empieza a coser o a enmendar la ropa de los niños, ya que normalmente hay cinco o seis hijos en la familia; consecuentemente hay que preocuparse por la economía, de lo contrario no habrá suficiente dinero para cubrir el coste de la vida así como la ropa y la atención médica. Para cuando mete a los niños en la cama son las diez en punto de la noche. Ella misma se queda dormida, pero su sueño no es reparador, ya que duerme en una habitación atiborrada, sofocante y con una pobre ventilación. Toda la ropa extra de la familia se guarda en los otros dormitorios. Con frecuencia hasta cuatro personas ocupan un pequeño dormitorio. Durante la noche uno de los hijos se despierta llorando con dolor de dientes o el bebé tiene un cólico o hay que darle el pecho. Esta dura vida sigue monótonamente día tras día sin cambios, excepto cuando la mujer enferma o es recluida, que es cuando puede descansar unos días.

Después se pregunta si cabe esperar que una operación ginecológica cure o mejore los dolores de espalda y las molestias menstruales de tal paciente, o de una dependienta que está de pie durante ocho o diez horas al día o de una chica que trabaja en una fábrica que se sienta contraída en una misma postura mal adaptada durante el número de horas que está en el trabajo.

Se puede decir que todo esto es la forma de medicina clínica más sensata, que relaciona las enfermedades de la carne con la condición humana, que toma al paciente que vive en el mundo como objeto de estudio y que estudia ese mundo tan concienzudamente como estudia a los organismos que lo habitan. En esta aproximación la calidad prima sobre la cantidad, y no conoce rival en el laboratorio ni en la sala de computación. No hay sustituto para la práctica, las repetidas visitas a los hogares, la observación continua del nacimiento, vida y muerte, y patología durante un largo periodo de tiempo en el tejido vivo de la familia, todo ello tamizado por el cerebro alerta, sofisticado e inteligente de un clínico creativo y lleno de determinación.

La clave de su pensamiento está muchos años atrás al principio de su práctica, en el caso de una niñita con meningitis tifoidea:

Me llamaron a las 2.00 am y me encontré una fiebre de 106° F (41° C). Dejé algo de calomelanos [...] de nuevo volví a las doce del mediodía y encontré las pastillas de calomelanos aún allí y que no le habían dado la medicina [...] Después le dije que pusiera a la niña paños fríos, ella dijo que sí, pero yo tenía mis sospechas, así que pedí dos sábanas y agua fría pero ella me las negó así que pensé que no tenía sentido dejar morir a la niña por la ignorancia de la madre, por lo que la envié al hospital. Me costó mucho trabajo que consintiera.

Las palabras clave quizá sean «pero yo tenía mis sospechas». Estas sospechas no las tenía desde el sillón, ni era una sospecha matemática, ni la considerada sugerencia del personal hospitalario; era una sospecha *in media res*, una confrontación entre la vida y la muerte, entre la iluminación y la ignorancia, con plenos riesgos y responsabilidades; una persona pensante sola ante la adversidad, y una niña delirante que yacía sola, con todos los miedos y los derechos de una madre entre ellos. Era una persona viva, sola en el ruedo, agarrando el toro de la superstición por los cuernos con sus propias manos porque no tenía sentido dejar morir a la niña, sabiendo la completa angustia de las consecuencias para él si la niña moría realmente, como se morían los niños del tifus en los hospitales y como todavía pueden morir.

Era recelo: el no aceptar la palabra de la cuidadora sino mirar él mismo en la estantería, el no sugerir los paños fríos sino pedir las sábanas él mismo, el no esperar a que la madre tomara la decisión, sino tomarla él mismo. Para los verdaderos médicos clínicos, no hay sustitutos a ellos mismo; no en el sentido de la superioridad, sino en el sentido existencial. Son siempre *ese individuo*: como Abraham, una persona sola, decidiendo por sí mismo si llevar a su hijo a la montaña; o como un jugador de póker que debe decidir por sí mismo cuántas cartas sacar en su apuesta para recuperar a la niña delirante de la Muerte; y el que mejor saca es aquel que mejor observa los hábitos de los demás jugadores. Ningún laboratorio ni ninguna máquina, sólo los humanos pueden estar recelosos (en el mejor sentido de la palabra) del sumo sacerdote. En todas partes se están muriendo los niños mientras que las medicinas se quedan en la estantería.

Es cierto que la clasificación de los resultados del agotamiento físico que hizo Padre era puramente descriptiva y lo más sensato de su razonamiento está abierto a discusión. Él atribuye la fatiga, el dolor de espalda y los trastornos menstruales de sus pacientes femeninas a la jornada de dieciséis horas de la esposa y al periodo de diez horas de postura forzada de la chica de la fábrica. ¿Es esto necesariamente ingenuo? Según él, «El análisis de la vida que lleva la esposa media revelará las causas» de sus propias discapacidades. ¿Este análisis es útil o es demasiado sentimental y superficial? Freud no estaba en la biblioteca familiar, pero sí Hipócrates, y la aproximación de Padre era hipocrática. «Quien quiera investigar la medicina apropiadamente, debería proceder de esta manera: en primer lugar considerar la estación del año, y los efectos que cada una produce», dice el antiguo maestro, y Padre hizo justo eso al tratar la diarrea infantil. En la ciudad, se considera «el modo en que sus habitantes viven y cuáles son su ocupaciones». «Cuando se tiene hambre, no se debe acometer ningún trabajo», dice el sabio de Cos.[123] De ahí que Galeno[124] le alabara por atender siempre a la preservación de los poderes vitales, y extiende su aforismo hasta aconsejar en contra de cualquier forma de tratamiento extenuante a pacientes debilitados. En lo concerniente a la dieta, Padre enfatizaba dos dictados hipocráticos: «Es más fácil llenarse con bebida que con comida», y «Es preferible un artículo de comida o bebida que sea ligeramente peor pero más sabroso que aquellos que sean mejores pero menos sabrosos». En lo concerniente al presente tema del agotamiento físico, Padre de nuevo seguía al maestro: «En todo movimiento del cuerpo, siempre que se empiece a sentir dolor, se aliviará con reposo». Sus «sospechas» descansan sobre el primer aforismo de Hipócrates, que tanto alaba Galeno: «El médico no sólo debe estar preparado para hacer por sí mismo lo que es correcto, sino también para hacer que lo haga el paciente, los ayudantes y los cooperadores externos».

La «medicina psicosomática» ya se conocía bien en los años 20, aunque no por ese nombre. En los viejos tiempos los dermatólogos quizá fueran los más conscientes de ella, y mientras que los internistas y los médicos generales tenían el

---

[123] NEF: Hipócrates nació en Cos, isla del Egeo consagrada a Esculapio.
[124] NEF: Claudio Galeno, eminente médico romano del siglo II DC.

cajón de sastre de la «neurastenia», ellos tenían su cajón de sastre de la «neurodermatosis». Evidentemente el prefijo «psico»[125] no lo podía usar el respetable especialista de piel de las calles Parisian o Harley para referirse a sus respetables pacientes victorianos, pero «neuro» estaba bien, ya que no tenía ninguna culpa asociada. De la misma forma, era permisible que los ingleses hablaran de su hígado, pero bastante obsceno que sacaran su estómago en la conversación, mientras que lo contrario era el caso en otros países. Incluso hoy en día en Estados Unidos es bien sabido que es mejor que a una chica le duela un pie a que le duelan los pies.[126]

En cuanto a la ginecología, la influencia de las emociones era bien conocida, aunque se le prestaba poca atención. De hecho se pensaba que las aflicciones nerviosas entre las mujeres estaban originadas justo en el propio útero, de ahí que se las llamara histéricas.[127] Los embarazos psicológicos se conocen desde los tiempos más remotos; Hipócrates vio doce en su propio ejercicio en 300 AC. La reina María I de Escocia se hinchó durante varios meses, y cuando no apareció el inexistente heredero, ella se imaginó que Dios la había abandonado porque había sido demasiado blanda con los herejes, una negligencia que se apresuró a rectificar.

Como resultado de la «conmoción» las mujeres dejaban de menstruar o sangraban libremente. Pero todo esto era

---

[125] NTE: En inglés el término «*psyco*» se usa coloquialmente como diminutivo de «*psycopath*», psicópata, y no como sucede en español, donde es referencia a cualquier cosa respecto a la psique; de ahí que los médicos de entonces no quisieran usarla, y de que hoy en día tampoco sean muy amigos de hacerlo.

[126] NEF: Pensamos que Berne hace aquí alusión al cuento de la Cenicienta, en el que una de las hermanas de Cenicienta se corta un dedo del pie y la otra el talón para poder calzarse el zapato de cristal.

[127] NEF: Etimológicamente, la palabra histeria proviene del griego *hyaterá*, útero.

174

todavía respetable aunque censurablemente «psicosomático» y no demasiado obscenamente «psicosexual».

Es difícil conjeturar lo que Padre hubiera hecho con Freud. Un hombre que aun en los primeros años de su ejercicio podía levantarse frente al profesorado y decir sin otra autoridad que la suya propia «Estas mezclas alimentarias complejas están muy bien, pero los pacientes no pueden permitirse una enfermera cualificada» no habría huido ni hubiera peleado con Freud por miedo irracional; y como lector de Schnitzler y alguien que podía mirar cara a cara a Havelock Ellis, no lo hubiera rechazado asqueado. Lo que puede que hubiera dicho es: «Estas complejas psicodinámicas están muy bien, pero mis pacientes no pueden permitirse relaciones sexuales cualificadas». En realidad no hay registro en la literatura psicoanalítica de que una chica que trabajara en una fábrica haya quedado curada de sus síntomas pélvicos mientras haya mantenido una postura forzada en la máquina durante ocho o diez horas al día. Si la hubiera habido, él probablemente hubiera adoptado la explicación hipocrática más que la freudiana, enfatizando la hora de descanso en el sofá todos los días en lugar de la resolución de sus conflictos sexuales tempranos.

El médico general, o mejor, el médico de familia, es tanto el hombre de contacto como el hombre de contexto, y el contexto es supremo en el juicio clínico, como Padre enfatiza al ofrecer algunas posibles soluciones para las dificultades que le preocupan.

> Para obtener unos resultados permanentes y superar la tendencia moderna del deterioro físico prematuro, que es peor que las antiguas epidemias en resultados netos aunque menos espectaculares, hay que enseñar a las gente a vivir adecuadamente.

Después reduce los elementos médicos de la vida a la comida, el descanso, el trabajo y el ocio.

En cuando a la comida, opina que los seres humanos prestan poca atención a su dieta, y que la razón por la que «las mujeres no pueden amamantar a sus bebés hoy en día tan bien como lo hacían antes» es que están desnutridas. «Un granjero no espera obtener leche de una vaca saturada de trabajo y mal nutrida, ¿Por qué habrían los seres humanos de ser una excepción de la naturaleza?».

Respecto al descanso, propone que deberían darse periodos de descanso durante las horas de trabajo en las ocupaciones en las que se requiere que el trabajador esté en posturas antinaturales o cuando se requiere que los individuos estén de pie durante periodos prolongados. Como recordarán, Charlie Chaplin sugirió lo mismo quince años más tarde en *Modern Times* (Tiempos Modernos). Por otra parte,

> El trabajo es un factor muy importante en la producción de felicidad humana [...] pero para prevenir el deterioro físico prematuro de nuestra población debe haber un refuerzo mediante promulgación legal de ciertos mejoramientos en las condiciones de trabajo en relación con [...] los horarios [...] la luz [...] el aire [...] la temperatura y la humedad.

> Las máquinas deben emplearse para beneficio de ambos, el empleador y el empleado, de forma que cuando una nueva máquina sea inventada los trabajadores no duden en usarla por miedo a que les sustituya en sus trabajos. Es injusto comparar los horarios laborales de hoy con los de hace cincuenta años (es decir, 1870), ya que las condiciones de trabajo no son las mismas. Antes lo normal es que hubiera pequeñas tiendecitas individuales. Así, un sastre trabajaba en su casa o en una pequeña tienda y se requería que hiciera toda una prenda. Esto le permitía cambiar de postura a intervalos. Trabajaba en la máquina un rato en determinada postura, después cambiaba y cosía a mano, o se ponía de pie para planchar la prenda [...] de esta forma mientras que un grupo de músculos estaba activo, otros grupos podían descansar. Con las grandes fábricas modernas, la división del trabajo es la norma; así los sastres han sido divididos en operadores, planchadores, hilvanadores, acabadores, etc. Todos estos trabajadores mantienen una acti-

tud postural peculiar de cada rama todo el día sin cambiar. Como consecuencia pronto se fatigan con el desarrollo prematuro del agotamiento físico. Cualquier esfuerzo que se haga para prevenir o retrasar esta tendencia pronto reembolsará a los empleadores y al estado por el coste adicional que implica [...] Hay que hacerle un examen físico en el momento de entrar en la industria y periódicamente después de ese momento [...] en los casos en los que la naturaleza del trabajo tienda a agravar los defectos físicos, se debe organizar una cambio de ocupación. Esto prevendría la invalidez permanente y la pobreza.

El siguiente punto es una modesta propuesta en beneficio de las amas de casa saturadas de trabajo:

En cualquier caso, sería de alguna ayuda si, en lugar de aleccionar a estas mujeres sobre cómo criar a sus hijos, la comunidad re-empleara a las enfermeras de guerra cuya tarea sería la de recoger a los niños del distrito que le fuera asignado y llevarlos a los parques de juegos donde podrían entretenerse durante algunas horas al día. Esto mantendría a los niños lejos de las calles y disminuiría el número de accidentes, y al mismo tiempo las madres podrían tener un par de horas de descanso por las tardes.

En cuanto al ocio, su tema final:

Un análisis de la vida urbana moderna muestra que los distritos residenciales están situados habitualmente en los suburbios, mientras que los teatros, salas de baile y salones de conferencias están en el centro de la ciudad. La gente tiene que estar en el teatro o en el lugar de ocio a las ocho en punto [...] volviendo a casa sobre las doce y media o la una en punto. Ya que la vida moderna en la ciudad no parece propiciar la amistad entre vecinos, hay un sentimiento de soledad en la propia casa de uno. Para superar este sentimiento de soledad la gente pasa seis o siete noches a la semana fuera de casa, privándose así de la cantidad de descanso apropiada [...] con el tiempo esta privación empieza a hacerse evidente.

El remedio no es aconsejar a la gente que no se divierta, pero sí que altere los métodos en boga. Esto se puede conseguir usando los edificios de las escuelas y los terrenos existentes en el distrito. No hay razón alguna para que un edificio escolar que pertenece a la ciudadanía y que se mantiene en buenas condiciones con dinero público esté cerrado la mayor parte del tiempo. En lugar de verse obligados a buscar entretenimiento a alguna distancia de casa, por qué no habría de usar la población adulta de un distrito un edificio público bien acondicionado, bien ventilado y equipado [...] el gimnasio escolar podría usarse para clases de gimnasia o para exposiciones de obras de arte, para bailes, para obras de teatro amateur, para pases de cine y para charlas. Las aulas podrían ser utilizadas para reuniones de clubes locales de jóvenes, o para sociedades literarias y de debate. Los jóvenes no se verían forzados a reunirse en las esquinas, sino que tendrían un lugar de reunión regular constantemente vigilado por las diversas fuerzas morales de la comunidad, bajo el ojo observador de los amigos. Los vecinos se conocerían unos a otros y también se volverían más sociables. Esto eliminaría la necesidad de la gente de buscar constantemente nuevas formas de diversión para superar el sentimiento de soledad imperante en las grandes ciudades. Esta organización tendería a disminuir el crimen y la delincuencia.

Quizá el verdadero héroe de este artículo no sea Padre, quién después de todo sólo había de responder ante su propia consciencia, sino el editor que tuvo el coraje y el discernimiento de llevarlo a prensa en el *Canadian Medical Association Journal* (Periódico de la Asociación Médica Canadiense) hace medio siglo.

Álbum

Arriba, David H. Bernstein y Sara, su esposa. En las fotografías de abajo, el pequeño Eric a sus siete meses de vida, y en otra fotografía posterior.

Dr. D. H. BERNSTEIN

73 ST. FAMILLE STREET
MONTREAL

Office Hours: 9-10 a.m., 2-4 p.m., 7-8 p.m.   *Tel. East 363*

For..

R̥

Ejemplares de la receta y el recibo de cobro empleados
por el doctor David Bernstein en su labor profesional

TELEPHONE EAST 363

73 ST. FAMILLE STREET

Office hours:
From 9 to 10 a.m.
" 2 " 4 p.m.
" 7 " 8 "

Montreal, ... *191*

M ....

To Dr. D. H. BERNSTEIN

For Professional Services rendered, $ ....

Received Payment.

Eric L. Bernstein junto a su hermana Grace. Abajo, ambos
junto a su madre en Nueva York, en 1937

En el colegio. Eric está sentado en la segunda fila.
Es el segundo comenzando desde la derecha.

Un joven Berne en una foto de estudio.

Terry junto a su hermano mayor, Rick,
en el jardín de su casa en Carmel

Lápida en el cementerio de Carmel, en California

Epílogo.
La Vida con Padre

Terry Berne, hijo de Eric Berne, presentó este texto en el Congreso del Centenario celebrado en Montreal en agosto de 2010.

Crecí en Carmel, California, una ciudad costera cuyos orígenes bohemios estaban siendo lentamente sustituidos por un abrumador turismo y altos precios inmobiliarios. Pero al final de la década de los 50 y durante los 60 la ciudad, o el pueblo como todavía le gusta llamarse a sí mismo, todavía conservaba un ambiente bohemio y relajado, amigo de las artes y los artistas, con tiendas auténticas que daban servicio a la comunidad y donde se reconocía a los residentes de siempre, que posiblemente eran amigos de los propietarios. Había una ferretería, un par de tiendas de comestibles, una droguería, un depósito de maderas, una tienda de surf, una buena librería de las antiguas, dos cines, un par de bares de hamburguesas y un pequeño hospital en el que nacimos mi hermano Rick y yo. Casi todo esto ha desaparecido, sustituido por tiendas que ofrecen sus servicios a los turistas.

La consulta de mi padre estaba justo en el centro, en un viejo edificio cuya entrada representaba la puerta a un melancólico jardín interior iluminado por una curiosa luz crepuscular que entraba por una claraboya en la escalera. La propia consulta no era demasiado atractiva para un niño pequeño, excepto que Papá siempre tenía algunas deliciosas galletas de frutas en la pequeña cocina americana. Su secretaria, Mary Williams, tenía el aura de servicio fiel y esforzada profesionalidad que se captura perfectamente en ciertas películas de los años 40 y 50. Sirvió a mi padre toda su vida profesional una

185

vez que él se mudó a Carmel, después de descubrir la ciudad mientras estaba destinado en la cercana Fort Ord en 1943 y 1944.

Yo podía caminar hacia el centro cualquier día alrededor de la hora del almuerzo y acompañar a Papá a almorzar en el Pine Inn, un sofisticado hotel con un buen restaurante donde comía habitualmente. Siempre imaginaba que tenían una mesa permanentemente reservada a su nombre. Carmel es conocido por no tener direcciones postales, sólo tenías que recoger tu propio correo en la oficina de Correos, que en consecuencia se convirtió en el lugar de reuniones no oficial de los residentes de Carmel, e ir allí era siempre una buena ocasión para ponerse al día con los amigos, ver a alguien que no habías visto en años, o enterarte de lo último sobre las condiciones en la playa, por aquellos que iban a recoger su correo de camino a casa. Desde una edad muy temprana solíamos caminar la milla aproximada que había hacia y desde la escuela a través del bosque, algo probablemente impensable en estos días.

Así que era una vida ideal a la manera de las pequeñas ciudades estadounidenses, ideal retrospectivamente, claro, y siempre estaré agradecido de haber vivido en un lugar tan bonito y privilegiado.

La playa jugaba un papel importante en nuestras vidas. A lo largo de mi vida he viajado bastante y puedo decir que nunca he visto una costa que le haga sombra a la de Carmel. Punta Lobos es una reserva natural espectacular justo al sur de Carmel que el fotógrafo Edward Weston hizo famosa, y con frecuencia mi padre nos llevaba a los chicos allí para dar un paseo por la tarde. Podíamos mirar para abajo a las pequeñas bahías llenas de algas gigantes e identificar varios tipos de aves marinas, focas, leones marinos y nutrias, y también de vez en cuando, una ballena yendo al sur en su migración anual desde las frías aguas de Alaska hacia las ensenadas de la Baja California en México. Esas caminatas me inculcaron de por vida mi amor a la naturaleza, en particular a la vida marítima.

186

Mi padre murió el verano que cumplí 15 años y yo estaba haciendo un curso sobre biología marina en el Instituto local cuando recibí la noticia. Tenía dos grandes acuarios en casa, llenos de criaturas tales como anémonas, erizos de mar, estrellas marinas y abulones que habíamos recogido entre las pozas de la marea de Carmel y Pacific Grove, increíbles nichos ecológicos inigualados en ningún otro sitio en el mundo por su variedad y por la abundancia de vida marina que contienen.

A pesar del hecho de que Papá era lo que se conoce informalmente como un adicto al trabajo, nunca sentí que le faltara tiempo para estar con sus hijos. Mi padre me ayudó a concebir, refinar y llevar a cabo dos experimentos a largo plazo en mis acuarios, y que implicaban específicamente a mi espécimen favorito, una estrella de mar de un rojo encendido a la que llamaba Abe.[128] Papá se implicó activamente en cada fase del experimento, a medida que entrenábamos a Abe en los reflejos condicionados para que respondiera a la luz y a los cambios en el nivel del agua de los acuarios que imitaban las mareas del océano local. Él me mostró soluciones que yo nunca hubiera descubierto por mí mismo. Siempre parecía haber revistas de ciencia por casa, como el *Sea Frontiers* (Las Fronteras del Mar) y *Science* (Ciencias), y catálogos de productos propios de Canadá como los *Edmund Scientific Supplies* (Suministros Científicos Edmund), a los que hacíamos compras con frecuencia, incluido un estupendo microscopio por inmersión de aceite más apropiado para un laboratorio científico profesional que para la mesa de estudio de un joven preadolescente. También pasó muchas horas conmigo estudiando con detalle una revista a la que me suscribí, que venía con una serie de portas preparados con muestras anatómicas, plantas unicelulares y animales tales como amebas e hidras, y fenómenos naturales de todos los tipos y descripciones. Las

---

[128] NEE: Uno de los personajes de *The Happy Valley* (1968), «Un hombre bajito y con una gran barba blanca».

ciencias eran su verdadera pasión, confirmado más aún por el telescopio que tenía en su estudio, que habitualmente arrastrábamos afuera en las noches claras para ver la luna llena o planetas como Venus; un ritual repetido durante toda nuestra infancia. Aquí debo mencionar que Dorothy, nuestra madre, contribuía a este enfoque en la naturaleza mediante su amor por los pájaros. Había una pequeña estantería llena de libros de pájaros (incluidos clásicos como el Audubon y el Peterson) en el cuarto del desayuno, y los prismáticos nunca estaban muy lejos, de forma que incluso de niños podíamos identificar casi cualquier pájaro al que se le ocurriera posarse en uno de los muchos comederos distribuidos por todo el jardín.

Papá estaba decidido a enseñarme tanto ajedrez como álgebra, ninguno de los cuales he dominado nunca, no a pesar de sus esfuerzos, sino debido a ellos, estoy convencido. Yo era un estudiante pobre en todo lo que tuviera que ver con el pensamiento matemático, y esto le provocaba una frustración sin fin. Yo temía nuestras sesiones semanales de álgebra en su estudio, donde me escribía las complicadas fórmulas en la misma pizarra que usaba para trabajar en las transacciones de los estados del yo. Sencillamente nunca llegué a aprehender la lógica que con tanto trabajo él intentaba inculcarme, pero no se rendía, y ya me estaba empujando hacia el cálculo cuando yo aún estaba batallando con el álgebra básica. Mi incapacidad en esta área probablemente sea mi mayor trauma infantil en la relación con mi padre. No obstante, el ajedrez le seguía de cerca. Cuestionaba cada uno de mis movimientos, y esperaba ver progresos reales que nunca se materializaban. Al final aprendí a jugar de manera aceptable en un nivel intermedio, pero sobre todo por instinto y por el deseo de agradar a papá. Estas lecciones de álgebra y ajedrez, eran prácticamente los únicos momentos en los que realmente chocábamos y cualquier inteligencia o entusiasmo que yo mostrara en otros campos, científico o intelectual, se compensaba negativamente en esas temidas tardes.

Por supuesto el póker era su verdadero juego, y un ritual habitual durante muchos años. Incluso de niño yo era consciente de su papel simbólico como metáfora de la vida, algo que me llevó algunos años comprender de verdad. Pero su única consecuencia real para mí era que si Papá estaba de un humor especialmente bueno la mañana siguiente al juego sabíamos que había ganado. Normalmente nos daba algo del dinero de sus ganancias o nos llevaba al muelle a comprar cangrejos frescos para la cena.

Aunque no éramos para nada religiosos (nunca he estado dentro de una sinagoga excepto de visita en la famosa medieval en Toledo, España), se nos enseñó a creer en un Dios omnisciente y decíamos nuestras oraciones obedientemente en hebreo todas las noches antes de dormir. Yo con frecuencia hacía las preguntas normales, del tipo cómo podía Dios verlo todo a la vez, y mi padre intentaba lo mejor que podía explicar el significado de «*Shema Ysrael Adonai aoheinu adonai echad*»,[129] y el vago concepto de un ser superior observándome y sabiendo todos mis pensamientos indudablemente me atormentaba en mi infancia, pero no demasiado. Papá también leía con frecuencia versos del Antiguo Testamento (de la Biblia del Rey Jacob) en la mesa antes de empezar a cenar. Pero esa era toda la amplitud de nuestras enseñanzas religiosas. Celebrábamos la Navidad tradicional, aunque también prendíamos velas en una pequeña menorá. Así que cualquier profunda identificación con el Judaísmo vendría más tarde, y era más bien una conciencia cultural que religiosa.

Volvamos a la playa. Las playas de Carmel eran una maravilla, una mezcla de arena blanca y prístina y una orilla rocosa. Uno de los privilegios de vivir en Carmel era el contacto con el mar en un marco tan espectacular, cosa que había atraído a artistas y escritores desde que se pavimentaros sus calles a fi-

---

[129] NEI: «Escúchame Israel, Señor Dios nuestro, Señor Único» (Deuteronomio 6,4), inicio de un capítulo de la Torá, y parte de una oración matutina y vespertina de los hebreos.

nales del siglo XIX. Éstos incluyeron, en un momento u otro, a Mary Austin, Jack London, Robertson Jeffers, Sinclair Lewis y fotógrafos como Edward Weston y Ansel Adams. Robert Louis Stevenson incluso pasó unas cuantas semanas febriles en Monterrey de paso a los Mares del Sur.

Eric era un asiduo de la playa y una de ellas al pie de Valley View era conocida como la Playa de Eric; nosotros la llamábamos simplemente la playa de Papá. Allí es donde iba varias veces a la semana para relacionarse con lo que él llamaba «la pandilla», un dispar grupo de paisanos carmelitas y habituales de la playa. La rutina de Eric consistía en correr brevemente por la playa (con algunos ejercicios previos) seguido de algo de natación en las frías aguas de la Bahía de Carmel. Tenía un hábito bastante excéntrico que siempre llamaba la atención: poseía un pesado termómetro de metal para el mar atado a un cabo que lanzaba bien lejos hacia las olas, dejando que se hundiera lentamente entre el agua agitada, y después de unos minutos lo recuperaba para tomar la temperatura. Invariablemente estaba demasiado fría para la mayoría de la gente, al menos en invierno. Eric casi siempre se lanzaba a pesar de la temperatura del agua, entre los cuarenta y muchos y los cincuenta[130], nadando hasta las rocas que sobresalían en la pequeña bahía. Papá se encontraba en su momento más relajado y jovial cuando estaba entre sus amigos en la playa, enterándose de las noticias locales y haciendo bromas con el pequeño grupo de asiduos. Con frecuencia prendíamos fuegos con la abundante cantidad de maderos que traía la marea en las tormentas (cosa que ya no está permitida), y en la noche del 4 de julio (el día de la Independencia), cientos de fogatas se encendían en toda la playa mientras los fuegos artificiales hacían erupción en los cielos.

Siguiendo la costa de Carmel está el Big Sur y la espectacular costa de California central. Con frecuencia íbamos de excursión familiar a la costa acompañados por Rick y mis me-

---

[130] NTE: Entre 7 y 10 grados Celsius

dio-hermanos Janice y Robin, a buscar jade entre las calas y las playas rocosas, o con más frecuencia a comer en Napenthe, un desgarbado y peculiar restaurante asomado entre los acantilados frente el mar, una conocida seña de identidad de la costa central, con impresionantes vistas de las colinas colindantes y sobre el Océano Pacífico. Cerca estaba el *Esalen Institute*, la oficina central del movimiento del potencial humano. Fui allí con Papá cuando era niño; allí fue donde conocí a Fritz Perls. La única cosa que recuerdo de nuestra visita era el aire enrarecido de los jacuzzi que parecían colgar de los acantilados sobre las olas rompientes, y también mi asombro y mi timidez respecto a la gente desnuda y medio desnuda que se remojaba en el agua humeante bajo el sol veraniego. Después de todo estábamos a mediados de los 60. Recuerdo que mi padre tenía sus dudas acerca de las actividades de Esalen, ya que sentía fuertemente que no deberían darse las travesuras físicas entre los pacientes o entre pacientes y terapeutas.

Cuando yo tenía 12 años, mi hermano Rick y yo acompañamos a Papá a un viaje a Hawai para conocer a Gregory Bateson, el famoso antropólogo, psicólogo y pionero de la cibernética, cuyas ideas encontraron un eco en las ideas de Papá sobre la teoría de los juegos y la intuición. Bateson en ese momento era el director del Instituto Oceánico, cerca de Honolulu, donde estaba estudiando la comunicación de las marsopas. Pasamos una tarde en el oceanario y nos invitó a cenar en lo que recuerdo como una casa espectacular con una enorme chimenea en medio de una sala de estar al aire libre. Después le dedicó una clase a Eric en la inauguración del Congreso de Psicoterapia Social en el *Southeast Institute* en 1977, donde recordó que Eric fue una de las pocas personas que había conocido que supiera griego clásico, y no en el sentido de haber memorizado las declinaciones y otros detalles gramaticales que se enseñaban en las buenas escuelas en aquellos días, sino que podía realmente usar el griego clásico como fuente de información y referencia.

Eric hablaba varias lenguas y estaba familiarizado con muchas otras; su estudio tenía un estante entero con guías de idiomas del Ejército de los EEUU que usaba en sus viajes, especialmente cuando investigaba la incidencia en el tratamiento de la salud mental en las sociedades no occidentales del mundo. Viajó extensamente desde los años 30 hasta entrados los 60, visitando hospitales en ciudades y áreas rurales en toda Asia, el Pacífico Sur, islas como Fidji y Tahití, Singapur, Hong Kong, Tailandia, India, Europa del Este, Siria y Turquía, y escribió ampliamente sobre sus hallazgos. Después de su muerte encontramos cajas y cajas con sus comunicaciones escritas con oficiales de salud mental por todo el mundo (¡completas con los sobres originales y los sellos!), que le proporcionaban cifras y estadísticas sobre trastornos psiquiátricos y su tratamiento, incluyendo el número de doctores, tipo de instalaciones, presupuestos, número de camas, el número y sexo de los pacientes, tipo de alteración, supersticiones o creencias locales en relación con la salud mental, métodos de tratamiento, actitudes hacia las teorías y técnicas de la psicología moderna, etc. Todos estos papeles ahora residen en el Archivo Eric Berne en la Universidad de California en San Francisco.

Un resultado interesante de estas investigaciones fue que sufrió una persecución por sus viajes durante la era McCarthy. Al final de los años 40 fue investigado por el *Select Committee* por Actividades Antiestadounidenses, figura precursora de las investigaciones de McCarthy. Perdió su trabajo como Asesor Psiquiátrico del Ejército de los EEUU porque fue considerado un riesgo para la seguridad. Fue interrogado durante un periodo de varios años, se le retiró el pasaporte y tuvo que justificar sus razones para visitar países como Turquía, Rusia, Hungría y muchos otros, donde había viajado mientras investigaba las diferencias culturales en el diagnóstico y tratamiento de las enfermedades mentales. También había firmado una petición que un grupo de prominentes científicos había hecho circular, haciendo un llamamiento al gobierno de los EEUU para que dejara de politizar las investigaciones científicas mediante la presión a las fundaciones públicas y privadas para que cesaran el apoyo financiero a los científicos a los que el gobierno consideraba demasiado liberales. La CIA llegó al punto de pedirle una lista detallada de todos los mapas en su posesión. Hubo un juicio público en San Francisco en el que mi padre tuvo que llevar una bolsa de papel en la cabeza para proteger su identidad, y en el que fue referido sólo como Dr. X para no arruinar por completo su reputación.

Pero en realidad mi padre, si algo era, fue anticomunista. Cuando yo tenía 12 años le acompañé en un viaje a Bulgaria donde él asistía a un congreso. Yo había expresado mi admiración por el orden, la limpieza y simpatía que experimentamos mientras cruzábamos el país en coche desde Sofía al Mar Negro. Me reprendió y me dijo que mirara más atentamente, y me explicó cómo la teoría marxista era estupenda sobre el papel pero iba completamente en contra de todo instinto psicológico de los seres humanos reales. Después me señaló que nos estaban siguiendo a cualquier parte que fuéramos.

Otra anécdota relacionada con la Guerra Fría que ilustra hasta qué punto la prosperidad y optimismo de Estados Unidos en la post guerra estaban impregnados de miedo y paranoia es la historia, ahora algo cómica, de un día de otoño de 1962 en el que Papá nos llamó a todos al jardín trasero y nos dio unas palas. Teníamos que empezar a cavar un refugio antibombas para la familia en el que refugiarnos si estallaba una guerra con Rusia porque ésta había puesto cabezas nucleares en Cuba. Y realmente empezamos a cavar. No estoy seguro de hasta qué punto nuestra actividad estaba teñida de ironía, pero la aprensión general fue reforzada en la escuela con simulacros en los que todos debíamos saltar bajo nuestros pupitres en el caso de que se diera un ataque de misiles con cabezas nucleares. No estoy seguro de cuánta protección hubiera ofrecido mi desvencijado pupitre contra las bombas de hidrógeno, pero supongo que era mejor que nada. En cualquier caso, sólo abandonamos el trabajo en el que ya era un gran abismo en el jardín hasta después de varios días, cuando Rusia acordó retirar sus misiles de Cuba y la amenaza de una guerra total amainó. El estudio de Papá se había convertido en un almacén de artículos de emergencia como linternas, baterías, cepillos de dientes, papel higiénico y comida enlatada. Estas cosas permanecieron en sus cajones forrados de papel de aluminio durante los siguientes treinta años.

Otro uso que le dábamos al jardín trasero era quizá el principal rito mensual de nuestra infancia: quemar la hojarasca y la basura que se acumulaba del jardín. Esto era aparentemente, al menos a mis jóvenes ojos, la actividad favorita de mi padre y siempre causa de disfrute. Nuestro jardín era suficientemente grande como para dedicar un área exclusivamente a este sacramento. Había un montón de hojarasca entresacada regularmente del jardín y de la poda de los árboles, y junto a ésta, el propio incinerador, una pequeña estructura de cemento, ligeramente piramidal, donde se quemaban el papel y otra basura combustible. El cuidado tanto del montón como del incinerador era una amorosa labor que ocupaba toda la mañana y requería que lo removieran con cuidado, y ofrecía horas de tranquila conversación con nuestro padre un sábado o domingo cualquiera antes del almuerzo. Cuando lo pienso ahora, sólo puedo maravillarme ante lo que Eric era capaz de conseguir con estos frecuentes fines de semana de ocio que pasaba atendiendo al fuego o yendo a la playa. Pero estas horas removiendo las ascuas de la hojarasca y discutiendo una miríada de cosas permanecen entre las más emblemáticas memorias de mi niñez, y especialmente de la vida con Padre.

Me gustaría añadir algunos detalles que puedan llevar a comprender mejor su personalidad:

1. Amaba el *jazz*, y recuerdo un disco en especial que siempre le gustaba ponernos: era del baterista de la costa oeste Shelly Manne y tenía mucha percusión, un estilo que disfrutaba y que estaba ciertamente en boga al principio de los años 60.

2. Siempre llevaba consigo un pequeño chaleco salvavidas inflable cuando volaba. Estaba tan viejo y mugriento que dudo que hubiera funcionado si hubiera surgido la necesidad.[131]

3. Uno de sus dichos favoritos era: «El helado no tiene huesos».

Gracias.

Terry Berne

---

[131] NEE: Al respecto de su carácter previsor véase en este libro, dentro del epígrafe «Gente de Calidad», el párrafo que comienza: «Padre vio que yo estaba asustado y se dio cuenta de que la quemadura en el hule era suficiente lección. Así es como aprendí que nunca hay que jugar con cerillas y que nunca hay que hacer experimentos sin prepararse de antemano para posibles sorpresas».

Postscriptum

Este excepcional librito es el resultado de la feliz confluencia de tres acontecimientos notables: Uno, la celebración en Montreal del centenario del nacimiento de Eric Berne; dos, la amorosa labor de su hijo menor, Terry, que desenterró y editó las notas autobiográficas de la infancia en Montreal de Eric; y tres, la enérgica devoción de Agustín Devós, que está erigiendo en Sevilla una editorial española sin ayuda de nadie —Editorial Jeder— dedicada exclusivamente al análisis transaccional.

En el Seminario de San Francisco no sabíamos que, en los años anteriores a su muerte en 1970, Eric estuviera escribiendo una autobiografía de su infancia. Es uno de los muchos hechos ocultos que la Gran Pirámide (como se autodenominó en un críptico garabato en la pared de mi salón de Berkeley en su sexagésimo cumpleaños) mantuvo bajo llave en las cámaras herméticas que Terry ha desenterrado metódicamente en los últimos años. Ejemplos: su persecución por el *Select Committee* de Actividades Antinortemaericanas al principio de los cincuenta, sus opiniones y sentimientos sobre el comunismo y la teoría marxista, y ahora, las muchas facetas de su infancia en Montreal.

Para mí, estas historias poseen una fascinación insondable, pues iluminan los misterios escondidos del Eric que conocí. El total respeto y amor por su enfermo padre médico —«*pauperibus medicus*»—,[132] sus destrezas y ambiciones atléticas, su electrizante inteligencia y su temprano interés por iniciar clubes, coronado por el logro de la conferencia de 2010 en Montreal. Finalmente, ilustra de forma clara lo que parece haber

---

[132] Berne, E. 1961. *Análisis transaccional en psicoterapia*. Página de dedicatoria. Nueva York, Grove Press.

sido una infancia feliz, intelectualmente estimulante, judía secular, atendida por su madre. Este libro también acalla los descabellados rumores de que su padre le pegaba con regularidad cuando era niño, o de que los anti-semitas le escupían al paso en su camino al colegio. *Enfin*, esta es una lectura jovial y absorbente que hechizará a los fans del análisis transaccional en todo el mundo.

Gracias Terry y Agustín por este regalo. Que tenga un amplio número de lectores.

Claude Steiner
Doctor en Psicología Clínica
Berkeley, julio de 2010

Índice

Títulos Publicados por Jeder

El Otro Lado del Poder

Claude Steiner (Prólogo: Lluís Casado)

ISBN: 9788493703257 · *268 Páginas*

Poder y Control se confunden. Ambos están muy bien considerados y se buscan a cualquier precio. Te manipulan y también tú manipulas a los demás. ¿Aprenderás a evitarlo o dejarás de hacerlo?

En este libro vas a descubrir que el poder no es algo etéreo: está muy presente en tu vida cotidiana. Lo das, te lo quitan, lo cedes o lo tomas; tanto en el trabajo como en tu vida familiar.

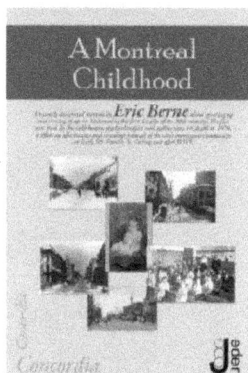

A Montreal Childhood

Eric Berne (Edición y Prólogo: Terry Berne)

ISBN: 9788493703240 · *180 Páginas* · *Libro en inglés*

A Montreal Childhood es el original en inglés de una autobiografía de Eric Berne descubierta recientemente. Trata de su infancia y juventud en Montreal y ofrece un retrato afectuoso y revelador de la comunidad de inmigrantes que vivían en la calle Ste. Famille. Es la primera obra inédita que se publica tras su fallecimiento en 1970. Además, invito al lector a descubrir las numerosas referencias ocultas al análisis transaccional.

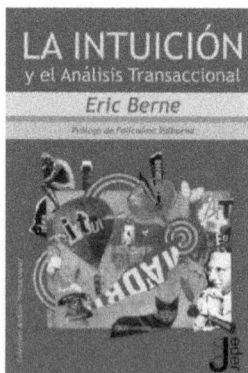

La Intuición y el Análisis Transaccional

Eric Berne (Prólogo: Felicísimo Valbuena)

ISBN: 9788493703233 · *204 Páginas*

A finales de 1945, el psiquiatra y Oficial Médico Eric Berne dispone de unos 45 segundos para dirimir si un soldado es apto para el servicio. Tiene tiempo para dos preguntas. Con las respuestas además intenta averiguar su profesión civil. Unos 25.000 soldados pasaron por el proceso.

«Hay un momento para el método científico y un momento para la intuición —uno trae consigo más certeza, la otra ofrece más posibilidades; las dos juntas son la única base del pensamiento creativo». Eric Berne

Educación Emocional

Claude Steiner (Prólogo: José L. Pérez Huertas)

ISBN: *9788493703264 · 316 Páginas*

En los setenta Steiner acuñó el término «Educación Emocional», fruto de sus investigaciones y trabajo. En esta edición, actualizada a fecha de 2011, nos expone su método paso a paso para desarrollarla.

«La educación emocional es inteligencia emocional centrada en el corazón». Con esta declaración, el autor quiere huir del uso utilitario y mercantilista que se está haciendo de la inteligencia emocional. Propone que el poder de las emociones ha de usarse con ética, con corazón, con amor.

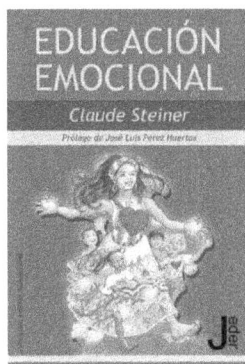

El Corazón del Asunto: Amor, Información y Análisis Transaccional

Claude Steiner (Prólogo: Terry Berne)

ISBN: *9788493703219 · 256 Páginas*

La humanidad se enfrenta con algunos problemas monumentales. El poder y su abuso, el amor a veces inalcanzable, la información frecuentemente repleta de mentiras, la política usualmente corrupta, las difíciles relaciones entre las personas. En la Era de la Información, el autor propone que el Análisis Transaccional enfocado en el amor, la psicología de la comunicación cooperativa entre los seres humanos, es un atinado método para descubrir las respuestas a preguntas trascendentes.

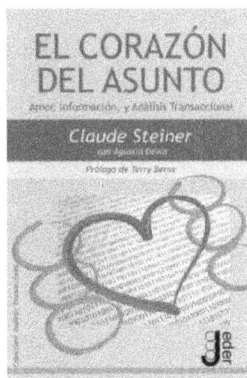

Cuando un Hombre Ama a una Mujer

Claude Steiner (Prólogo: Arantxa Coca)

ISBN: 9788493703271 · 188 Páginas

Mira, HOMBRE: Este libro está pensado para quienes quieren sentirse a gusto siendo amigos y amantes de las mujeres que haya en su vida; para los hombres que quieren relaciones duraderas y seguras, y aun así sexualmente plenas y excitantes; y más importante, para hombres que quieren ser amantes, sexys y, digámoslo ya, dulces.

Escucha, MUJER: Este libro les dirá lo que vosotras las mujeres de hoy queréis de vuestros amigos, amantes y parejas, y cómo un hombre puede convertirse en aquél que la mujer actual busca y aprecia.